ホスピタリティ・コミュニケーション

満足を生む観光人材になるための 基礎知識

編著 藤田玲子

著 紿田はるみ・加藤好崇・田中直子・中井延美
林千賀・宮本節子・森越京子・渡辺幸倫

晃洋書房

はしがき

　日本政府は観光を日本の成長を支える柱と据えて、「観光先進国」を目指し、「世界が訪れたくなる日本へ」という掛け声のもとに施策を展開しています。2030年には年間目標値6000万人の訪日客数を設定していますが、それも達成可能と思えるほど、その数が伸びてきています。皆さんも近年ますます多くの訪日客を目にすることに驚いているかもしれません。しかし、「世界が訪れたくなる日本」を実現するためには宿泊施設や交通網、インフラの整備、魅力的な観光地経営や広域観光を意識した観光まちづくりなど、まだ克服するべき課題は多々あります。中でも最も大きな課題の１つは、おそらく観光の現場における人材不足であると言えるでしょう。様々な産業分野でも人材不足が叫ばれる中、観光関連業種における人材不足は実に深刻です。そもそも人材がいなければ、増加する訪日ゲストに対応することもかないません。観光というとサービス業でお客さまに仕えるというイメージが先行していることが、人材不足に拍車をかけているのかもしれません。

　本書は一人でも多くの方が、観光がもたらす人的交流の側面に興味を持ち、観光に関わる仕事に従事して、その中でホスピタリティを発揮するようになることを願って書かれました。近年の観光の動向は、買い物をして有名地の写真を撮るだけ、というようないわゆるモノ消費ではなく、文化を深く知ったり、場所を体験したりする、というコト消費という形態にシフトしてきています。様々な体験活動や長期滞在などを通じて、訪日客が観光に従事する人々とより深く接触する可能性が高まっています。ゲストの体験に関わるやりとりを、本書ではホスピタリティ・コミュニケーションと表現しています。これはお客さまに仕えるという意味合いのいわゆるサービスとは異なります。宿泊施設での滞在体験、まちなかでの体験、ガイドツアーの体験など、ゲストは滞在中に多くの体験を重ねる中で、日本という国を理解します。この過程で、ホストである現場のスタッフとのコミュニケーションが重要な役割を担います。ホスピタリティ・コミュニケーションのコツを理解して対応すれば、彼らはまた来たいと言ってくれるかもしれませんし、知り合いに日本への旅行を薦めるかもしれません。そうなれば、「世界が訪れたくなる日本」の実現に一役買えるわけで、

やりがいも感じられると思います。

　本書では、ホスピタリティ・コミュニケーションの要素をはじめとして、英語・外国語さらに日本語に関する考え方や使用法、異文化理解、現場でのコミュニケーションの実態に加え、これからこの分野へ進みたい人のチャレンジを応援する内容ももうけています。ゲストに満足をもたらすため、外国人の同僚とチームワークを組むヒントもお伝えしています。また、AIがコミュニケーションツールとして発展してきている状況についても理解を促した上で、あえて、人的コミュニケーションの重要性を指摘しています。本書を通じて、学生の皆さんは、観光現場で交流を促進する双方向のコミュニケーションについて学び理解することができますし、すでに現職の方々には、ご自身の実践を確認し、さらにスキルを向上させるための参考になるでしょう。

　観光の持つ潜在力は計り知れません。旅行者に楽しみや喜びをもたらす様々な体験を提供するのはもちろん、地域活性化の力になります。また国境を越えた交流により、異文化理解や、平和構築にも寄与するとも考えられています。本書を手に取られた一人でも多くの皆様が観光の世界に飛び込み、様々なゲストとのホスピタリティ・コミュニケーションを楽しむようになることを願っています。

　最後になりますが、本書を実現するにあたり、晃洋書房の山本博子さんには企画の段階から大変お世話になりました。この場を借りて心より御礼申し上げます。

　2025年3月

　　　　　　　　　　　　　　　　　　　　　　　　　藤 田 玲 子

ホスピタリティ・コミュニケーション
──満足を生む観光人材になるための基礎知識──

目　　次

はしがき
本書の構成と使い方

第Ⅰ部　ホスピタリティとコミュニケーション

第1章　ホスピタリティと対人コミュニケーションスキル … 2
1　観光とホスピタリティ──コミュニケーションとの関わり　2
2　コミュニケーションとは　5
3　ホスピタリティ・コミュニケーション　7
4　コンピテンシーの習得とフレームワークの活用　18
5　コンピテンシーの向上のために　21

第2章　観光の現場における言語対応 ……………………… 24
1　言語コミュニケーションとホスピタリティ　24
2　現場での言語運用　28
3　Can-Doリストを支える言語力　32

第Ⅱ部　ホスピタリティ・コミュニケーションの実践

第3章　異文化コミュニケーションとおもてなしの
日本語表現 ……………………………………… 36
1　コミュニケーションスタイルと
高コンテクスト・低コンテクスト文化　36
2　日本の「見えない文化」　38
3　日本文化は「察しと遠慮」　41
4　外国人ホテルスタッフのための異文化間コミュニケーション　43

5　おもてなしの日本語　46

　　6　多様化する客のニーズ　49

第4章　気配りや配慮を英語で伝える仕組み ………………… 53

　　1　接客英語とは何か　53

　　2　政府の取り組みの中で求められている接客英語とは　56

　　3　専門英語としての接客英語──ビジネス英語との違い　57

　　4　気遣い・配慮のことば化　59

第5章　やさしい日本語の使い方 …………………………… 67

　　1　外国人旅行者と日本語──日本語を使ってもいいの？　67

　　2　観光接触場面での日本語機能　69

　　3　「やさしい日本語」の形式と実践　71

　　4　サステナブル・ツーリズムと日本語　80

第Ⅲ部　現場でのホスピタリティ・コミュニケーションの実態

第6章　観光ガイドの対応 …………………………………… 84
　　　　　──体験共有を通じたホスピタリティ・コミュニケーションの展開

　　1　観光ガイド
　　　　──共有体験を提供するホスピタリティ・コミュニケーションの担い手　84

　　2　野外のアクティビティガイドに求められるコミュニケーション　89

　　3　観光ガイドを目指す方へ　98

第7章　観光案内所：人と観光の交差点 ………………………101

　　1　観光案内所の役割──訪問者を地域に引き込むエントリーポイント　101

　　2　来所者の目的別対応法──情報、冒険、そして交流　103

　　3　現場の会話の実践分析
　　　　──観光案内所のホスピタリティ・コミュニケーション　109

　　4　効果的な観光英語の習得法──リアルな現場で動けるために　113

目　　次　v

第 8 章　観光の現場におけるテクノロジーの活用と課題 … 117
　　1　日本の観光政策にみる多言語化とテクノロジーの推進　117
　　2　ホテルにおける音声翻訳機器活用事例　121
　　3　外国語ガイドの仕事とテクノロジー　125

第 IV 部　ホスピタリティの現場へのチャレンジ

第 9 章　ホスピタリティを学ぼう：外国人スタッフと働く … 134
　　1　観光産業における外国人スタッフ　134
　　2　事例：首都圏シティホテル　137
　　3　事例：グランドハンドリング　142
　　4　日本語教育の視座より　146

第10章　ホスピタリティを学ぼう：インターンシップに備える … 149
　　1　インターンシップとは　149
　　2　英語を使ったインターンシップ
　　　　──現場での英語コミュニケーションの現状　155
　　3　言語コミュニケーションに焦点をあてた、
　　　　インターンシップとその準備　157
　　4　インターンシップ受入れ企業側の取り組み　160

エクササイズ解答例　164
索　　　引　167

本書の構成と使い方

　本書は教育機関や研修の場などにおいて使用しやすいように、テキストの形式をとっています。個人の読者の方が利用する場合でも、一つ一つの項目について理解したり考えたりしながら読み進められるように工夫してあります。各章の流れは以下のようになっています。

この章で学ぶこと：ここでは章で扱う内容を簡単にまとめています。まず大まかなイメージを持ってから読み進めましょう。テキストとして使う場合は、講師の方はこのセクションを参考に授業で扱う章や扱う順番を決める際に利用してください。

Warm Up Q：内容に入る前に簡単な質問を投げかけています。答えられるかどうか、やってみましょう。解答を考えた上で、読んでいくと解答の確認をすることができますし、内容の理解も促進されます。

エクササイズ：エクササイズが各章の途中や終わりに数カ所設定されています。自分の理解を確認してみましょう。また、発展的に考えたり調べたりする形式のエクササイズもあります。これらを通じて、さらに理解を深めましょう。エクササイズの解答は巻末にまとめてあります。

この章のポイント：各章の重要なポイントを章末に箇条書きでまとめてあります。学習の確認やレビューとしてお使いください。

索引：巻末にある索引は、本書で使用されている重要語句や概念について詳しい説明があるページを示しています。

　第1章に掲載されているホスピタリティ・コミュニケーションの Can-Do リストは、本書の根幹になるものです。このリストの項目を理解した上で、続く章においてその関連性を確認しながら読み進めていきましょう。

第Ⅰ部
ホスピタリティとコミュニケーション

　皆さんは、ホスピタリティという言葉をよく耳にすると思います。
具体的にはどのようなことを言うのでしょうか？　お客さまに対
応する機会の多いホスピタリティ産業とも呼ばれる観光分野では
重要であるだろうということは想像がつくでしょう。近年は観光
分野にとどまらず、様々なビジネスの場や日常の人間関係におい
ても、その重要性が指摘されています。ホスピタリティを発揮す
るためには、コミュニケーション力が大切な役割を果たします。
このセクションでは、観光の現場を例として、ホスピタリティと
コミュニケーション力・言語力の関連について見ていきます。そ
して、具体的にどのようなスキルを身につけることが必要なのか
を考えていきましょう。

第1章
ホスピタリティと対人コミュニケーションスキル

この章で学ぶこと

観光の現場でコミュニケーションはどのような役割をはたしているでしょうか。
この章では、ゲストや旅行者に満足を与えるために必要なホスピタリティやおも
てなしについて理解した上で、人と人とのやり取りの要となるコミュニケーショ
ンの要素をホスピタリティという概念に当てはめていきます。そして満足度の高
いサービスの提供のために身につけるべきコミュニケーションのスキルとは何か
を提案します。

1　観光とホスピタリティ——コミュニケーションとの関わり

Warm up Q

これまで自分が旅行に行った時のことを振り返り、宿泊施設や交通機関などで
サービスを提供する人とのやり取りについて思い出してみましょう。どんなやり
取りが印象に残っていますか？

　観光の現場とは、訪れる人とその場所で迎える人が接点を持つ場所です。代
表的なものは、ホテル、旅館などの宿泊施設があります。さらに観光名所のあ
るエリア全体やテーマパークも観光の現場と言えるでしょう。現場で対応する
人々（ホスト）にとって、旅行客として訪れる人々（ゲスト）の満足度を高める
ことは重要課題です。より良い滞在体験を提供することで、その場所の知名度
が上がったり、リピートして訪れてもらえる可能性が生まれたりするからです。
宿泊施設であれば稼働率が高まりますし、観光地であれば町の経済の活性化に
もつながります。
　顧客満足に関わる観光の現場での対応を表現する言葉として、サービスやお
もてなし、ホスピタリティがあります。本書では、タイトルにもあるように「ホ

スピタリティ」という表現を使用して対人コミュニケーションスキルについて考えていきます。そこで、最初にこれらの言葉の違いを整理しておきましょう。これらの3つの概念は共通する部分も多く、様々な論議が展開されており確定的なものはありませんが、代表的な論点を紹介します。

　サービスとホスピタリティについては、ホスピタリティを学ぶ大学院を有する米国の名門コーネル大学が発行している教科書に詳しく説明されています。概して、「サービス」とは経済的対価のある有償の経済的行為であると分類されています。サービスは金銭を支払う客が上位、それに対応する提供者は下位という主従関係で捉えられています(Pezzotti 2011：9)。そもそもサービス(service)という言葉はラテン語の奴隷（servitium）から派生し、中世には「仕える行為や付添人の職業」の意味合いとなり、現代もこの意味で使用されています。サービスは客（カスタマー）を相手にする専門性を持った仕事で、マニュアル通りにサービスを果たしていくものであると説明されています。サービスは、このように仕事として提供するものですが、練習や訓練によってその質を高めることができます。飲食チェーンなどではサービスマニュアルがあり、それをしっかりと順守してサービスに臨めば、高いレベルのサービスを提供することも可能です。一方で、ホスピタリティと聞くと、サービスよりも何か高尚なイメージを受けるのではないでしょうか。ホスピタリティという言葉は、温かく異人を歓待したという意味のラテン語（hospitalitem, hopes, hostis）から派生しています。その言葉通り、サービスの持つ意味合いと異なるのは、歓待という言葉で表現されるような温かさや歓びなどの感情が土台となっていることです。客(ゲスト)に親切にして喜んでもらいたい、という気持ちがそのバックボーンとなり、ゲストとの関係性が構築される「双方向のダイアログ」とも表現されています。つまり、ホスピタリティは一方通行であるサービスを超えて、ゲストにより高い満足を提供する双方向の行為を示します。

　このように、この2つの言葉には定義としての差異はありますが、正確で期待を裏切らないサービスがまず土台としてあることが、ホスピタリティの提供には不可欠であるとされています。言い換えれば、サービスはホスピタリティという大きな概念の一部を成すということになります。サービスを超えるために重要なのはダイアログ、すなわち効果的なコミュニケーションスキルと言えるでしょう。

　一方、おもてなし、という日本特有の表現もあります。森下（2023）は、ホ

スピタリティとおもてなしは個々のゲストへの満足を提供するという意味で共通していることを指摘していますが、おもてなしは、茶の湯文化に由来しており、日本特有の文化、礼儀や奥ゆかしさやさりげなさなどの特徴が組み込まれていると説明しています。日本人の「もの言わなくてもわかってもらえる」という暗示的な期待に対し、察してサービスするという構図がその代表例です。日本人は細やかな対応を得意とすると言われていますが、要求をはっきり表現する文化を持つ欧米、そしてグローバル文化の中で、必ずしもこのおもてなしが有用であるとは限らないことも近年は指摘されています（森下 2023；安田 2010）。

　ここでは、ホスピタリティ論、サービスマネジメント論における議論のほんの一端を紹介しましたが、ホスピタリティもおもてなしも総じてお客さまにより良い満足を得てもらいたいという思いが共通していることは間違いないでしょう。本書では、サービスの中でゲストとの関係性を構築する表現として、グローバルスタンダードとしてより汎用性の高いホスピタリティという言葉を便宜的に使用することにします。

　では、より高い顧客満足をもたらすホスピタリティを提供する際に必要となるコンピテンシー（スキルや能力）にはどのようなものがあるのでしょうか。過去の研究を見ると様々な要素が指摘されており、主要なものを分類してまとめると表1-1のような項目が挙がります。

　このように、ホスピタリティを支えるものとして、様々な要素がありますが、表1-1①はゲストとのやり取りの中で必要な項目であり、②は観光の現場では必須となる外国人対応の際に必要となる要素です。③は装いや態度、感情制御やコミットメントなど、業務の中で人とより良い関係性を保つための土台となる技能とも言えるでしょう。これらの要素の多くがコミュニケーションとい

表1-1　ホスピタリティ提供に必要なコンピテンシーの例

① コミュニケーションスキル、傾聴スキル、対人スキル、共感、顧客フィードバック受容、ポジティブな関係を構築できる力、顧客への配慮、ゲストの反応への対応、ゲストニーズの察知、前向きな対応力、柔軟性、課題解決力、協働力
② 文化に対する認知・感受性、異文化理解力、国際感覚、文化への対応力
③ 仕事へのコミットメント、プロフェッショナルな装いや態度、リーダーシップ、倫理観、感情制御、楽観、自己認識、自己統制、創造力、寛容

出典：Millar et. al（2010：41-42）, Bharwani & Jauhari（2013：176-177）から筆者が分類・翻訳。

う行動に関わるものであるということに本書では着目します。コミュニケーションは観光の現場でどのような役割を持ち、どのように重要であるのか、そして、どのような実践をすれば、よりよいホスピタリティを発揮できるのかについて論を進めていきましょう。

2 コミュニケーションとは

コミュニケーションというと会話のイメージですが、他にはどんな要素があるでしょうか？ いくつか挙げてみましょう。

はじめにコミュニケーションという言葉が包括する要素を押さえていきましょう。コミュニケーションには人と人が対面でメッセージを伝えあうことはもちろん、電話やオンラインでのやり取りも含んでいます。また広義ではメディア等で大衆に伝えるマスコミュニケーションもその1つの種類になります。

観光の現場の場合には、人と人が接触してメッセージを伝えあう「対人コミュニケーション」が展開されます。そこで、本書は主に対人コミュニケーションという視点から考察を進めていきます。深田（1998：13）によると対人コミュニケーションというのは個人と個人との間で交わされる個人間コミュニケーションのことを指し、連続的なプロセスの中で双方が関係を作っていくことを言います。そして、その本質的特徴として、心理的関係が存在します。心理的な関係が成立しない場合、例えば市役所の窓口に何かを提出するだけの「これお願いします」「はい、受け取りました」というようなケースは、公的で機械的です。このような場合は対人コミュニケーションの特徴は弱くなります。非公式性が強まるほど、対人コミュニケーションとしての性質が明確となり、この心理的関係も強まるのです。対人コミュニケーションをスムーズに行うためには、言語能力はもちろん相手によって話し方を変えたりなどの相互作用のルールを体得している必要があります。そしてこの知識を応用し実行するパフォーマンス力（メッセージを送ったり受け取ったりする力）も求められます。

さらに、対人コミュニケーションにおいては、言葉のみではなく、視線や表情、しぐさなどの様々なチャネル（媒体）を意識的または無意識に使用してメッ

6　第Ⅰ部　ホスピタリティとコミュニケーション

表1-2　コミュニケーションチャネル

1 身体動作	視線、ジェスチャー、姿勢、身体接触、表情　など
2 空間行動	対人距離　など
3 事物の使用	身だしなみ、化粧　など
4 近言語	声の高さ、速度、アクセント、間のおき方、発言のタイミング　など
5 言語音声	発言内容

出典：大坊（1998：17）を参考に筆者作成。

セージを伝えるという事がとても重要です。このような言語化されない要素を非言語コミュニケーションと言いますが、実は言語と同様に非言語の部分が相手に伝えるメッセージは大きいことがわかっています。例えば「いらっしゃいませ」という同じ言葉でも、微笑んで言った場合と、無表情で言った場合では、相手の受け取り方は全く異なるものになるでしょう。具体的には、表1-2に示すように、メッセージには、言語音声をはじめとして身だしなみや対人距離などの非言語的要素や近言語と呼ばれる要素が含まれます（大坊 1998）。この近言語の要素には、声のトーンや大きさ、間のおき方などがあります。人は怒っている時には声が大きく速くなる傾向がありますし、お母さんが泣いている子供をあやすときなどは高い声のトーンになるのを聞いたことがある人もいるでしょう。このように、言語以外のチャネルで発信されるコミュニケーション要素は、ホスピタリティを発揮する観光の現場では意識するべきポイントとなります。

　次に言及しておく必要があるのは、異文化のコミュニケーションという側面です。コミュニケーションには人の文化背景や価値観が大きく反映されます。例えば、文化には、コンテクスト（文脈）から状況を察して言語に依存する傾向が低い高コンテクストと呼ばれる文化があります（Hall 1976）。一方で、言語で主張したり説明したりすることが重要と考えられている低コンテクストと呼ばれる文化があります。しばしば曖昧と言われる日本人のコミュニケーションスタイルと、明確にものを言う一般的な米国人のコミュニケーションスタイルが異なるのは、このような文化的違いからくるものと言えます（詳細は第3章を参照）。また時間の概念や視線など、いわゆる非言語面の様々な要素も文化的な影響を受けています。そして一般に私たちは自分の価値観による判断基準が正しいものだと考えます。異なる文化背景を持つ人との交流の際には、この判

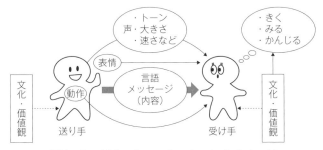

図1-1　対人コミュニケーションのイメージ

断基準がミスコミュニケーションを生むことがあります。詳細は第3章で扱いますが、異文化コミュニケーションの知識や対応スキルは、国境を越えた人的交流の要素が大きい観光の現場において非常に重要なものなのです。

図1-1は対人コミュニケーションが様々な要素によって影響を受ける様子を示しています。非言語によるチャネルや文化など、言葉を超えた様々な要素がメッセージとして送受信されることを理解しておきましょう。

 エクササイズ ①

以下のそれぞれの場面では、どのような言語、非言語コミュニケーションの違いがみられるでしょう。表1-2のリストを参考に考えてみましょう。
・リゾートホテル　　・ビジネスホテル　　・結婚式　　・お別れの会

3　ホスピタリティ・コミュニケーション

 Warm up Q

ホスピタリティを提供するためには具体的にどのようなコミュニケーションの要素が大切になるでしょうか。リストアップしてみましょう。

(1) ホスピタリティ・コミュニケーションの定義と目的

これまで、ホスピタリティにはコミュニケーションが密接に関わっているこ

8　第Ⅰ部　ホスピタリティとコミュニケーション

とを説明してきました。本書では、この関わりをホスピタリティ・コミュニケーションという言葉で表現して論を進めていきます。

　ホスピタリティの概念については、すでに本章の第1節で説明をしましたが、本書におけるホスピタリティの考え方について、ここでまとめておきます。一般に産業と紐づけられるホスピタリティとは、質の高いサービスを提供することで、結果的に企業に収益をもたらすことをめざすという視点があります。特にリピーターを獲得したい宿泊施設や航空会社などの場合はこれが当てはまるでしょう。そのためには、プロフェッショナルとしてサービスを超えるホスピタリティを実践して、お客さまに喜んでもらい、その結果として企業に貢献できる事が重要です。一方、本書でも扱う観光案内所での対応、観光ガイドの仕事、やさしい日本語を使用した応対などのように、どちらかと言えばビジネスの側面が弱く、一期一会的な出会いの中で、日本を好きになってほしい、楽しい思い出を作ってもらいたい、という思いで発揮されるものもあります。このように、現場や状況が異なることはありますが、ホスピタリティが満足を生むための双方ダイアログであるという根本の部分は同じでしょう。本書では、多様な観光現場の状況を理解した上で、広義にホスピタリティ・コミュニケーションを「ゲストを思いやり、ゲストによりよい経験を提供して喜んでもらうためのダイアログ」と定義します。

　コミュニケーションがどのような目的を持つかによって、コミュニケーションのスタイルには大きな違いが生じます。例えば、重要な決定をしなくてはいけない会議での会話と親睦目的のパーティーでの会話では、言語及び非言語の要素はそれぞれかなり異なるものになることは明らかでしょう。目的を理解し認知した上でコミュニケーションを運んでいくことは、目的達成の見地からも重要です。ゲストに喜んでもらうというホスピタリティ・コミュニケーションの目的を果たすためにはどのようなコンピテンシーが必要なのか、考えていきましょう。

（2）ホスピタリティ・コミュニケーションのコンピテンシー

　コンピテンシーとは知識、スキル、能力などの行動特性のことを言います。ホスピタリティ・コミュニケーションを発揮するために必要なコンピテンシーにはどのようなものがあるでしょうか。ホスピタリティもコミュニケーションも形のない抽象的な概念であるため、具体的にどのような要素があるのか、曖

味でつかみどころがない印象を受けるかもしれません。ここでは、本書を担当した筆者のうち数名で調査研究し、ホスピタリティ・コミュニケーションのコンピテンシーの要素をわかりやすくまとめたリストを紹介します（藤田・田中2022：總田・藤田 2022）。次ページに示した**表1-3**は、ホスピタリティの最前線で働く30人以上のホテルや旅館のスタッフやマネジャーにインタビューを重ねた調査研究の成果として、ホスピタリティを提供する際に必要となる様々なコミュニケーションに関連する知識やスキルを Can-Do リストの形式にして可視化したものです。リストは10のカテゴリーに分類し、18のコミュニケーションに関わる項目を提示しています。ディスクリプター（能力記述文）にはそのスキルを発揮するために必要な具体的行動を示してあります。以下、それぞれの項目について、説明を加えていきましょう。

【基本の型の理解と実践】

① 基本の型の理解と実践

　［ゲスト応対の場面におけるフローを理解し、マニュアルなどにある基本の型を使用してゲストに対応することができる］

　基本的な事項や流れを理解して対応することはサービスの基本です。宿泊施設であれば、チェックインの際にゲストのお名前や泊数を確認するなど、やり取りの必須ポイントがあり、これらのコミュニケーションの手順を身につけることが第一歩となります。また、観光案内所であれば、ゲストが頻繁に聞くような基本情報について、説明できるよう準備しておく必要があるでしょう。サービスの基本無くしては、ホスピタリティの提供はかないません。

【自己制御】

② 自己制御

　［自分の気持ちをコントロールし、プロフェッショナルな意識をもってゲストに対応できる］

　対人コミュニケーションの定義では、自己制御は対人のやり取りにおいて基本となるスキルとされています（藤本 2007）。特に相手がゲストである観光の現場では、自己をうまく制御してゲストに良い印象を与える必要があります。プライベートでたとえ嫌なことがあって滅入っていても、それをうまくコントロールし明るい態度を見せなくてはなりません。横柄なゲストの態度に嫌な気

10 第Ⅰ部 ホスピタリティとコミュニケーション

表1-3 ホスピタリティ・コミュニケーションの Can-Do リスト

カテゴリー	項目	ディスクリプター	✓
基本の型の理解と実践	① 基本の型の理解と実践	ゲスト応対の場面におけるフローを理解し、マニュアルなどにある基本の型を使用してゲストに対応することができる	
自己制御	② 自己制御	自分の気持ちをコントロールし、プロフェッショナルな意識をもってゲストに対応できる	
身体表現	③ 身体表現	笑顔やお辞儀、立ち居振る舞い、身だしなみなど、身体で表現されるコミュニケーションに注意を払いながら職務をこなすことができる	
外国語運用能力	④ 外国語対応	必要に応じ、外国語（特に英語）でゲスト対応を行うことができる	
言語パフォーマンス	⑤ 言葉遣い	敬語の選択や婉曲な言い方など、適切な言葉遣いで対応ができる	
	⑥ アプローチの演出	適切な声のトーンや言葉の抑揚を使用し、目線を合わせて挨拶や声かけなどが積極的にできる	
	⑦ 言葉の演出	ゲストの名前を呼ぶ、一言添えるなど、言葉で相手の注意を引くことができる	
察知	⑧ 観察と察し	ゲストや周囲の状況をよく観察、把握し、ゲストの感情や要求を察して、必要に応じコミュニケーションを図ることができる	
	⑨ ニーズの察知と提案	ゲストとのやり取りの中で、ゲストのニーズを引き出して最適な提案をすることができる	
ゲストへのエンゲージメント	⑩ 情報提供の準備と提供	様々な情報を常にアップデートし、提供できるように準備し、わかりやすく伝えることができる	
	⑪ ホスピタリティの気持ち	ゲストに満足してもらいたい、喜んでもらいたいというホスピタリティの気持ちを持つことができる	
	⑫ ホスピタリティの実践	全てのゲストに対してあらゆる場面において誠心誠意をもって対応することができる	
個別対応	⑬ 特別対応の実践	リピーターのゲストに対しては好みなどを理解し個別感を与えるコミュニケーションを図ることができる	
	⑭ 要望への対応	ゲストからの要望に対し、応えられない場合は代案を提示するなどして、ゲストの心理に寄り添ったコミュニケーションを図ることができる	
	⑮ クレーム対応	ゲストからのクレームに対し、傾聴したうえで共感を示し必要であれば謝罪し解決策を提示するなどの、ゲストに納得して頂ける対応を心掛けることができる	
異文化対応	⑯ 異文化の知識	国や宗教などによる文化の違いを知識として理解し、ゲスト対応の準備をすることができる	
	⑰ 異文化の理解と実践	文化背景の異なるゲストに対し、自分の価値観を押し付けることなく対応ができる	
チームワーク	⑱ チームワーク	ゲストにより良いサービスを提供するためにチーム連携の対話ができる	

出典：綛田・藤田（2022）オリジナルより筆者一部改変。

分になることもあるかもしれませんが、感情を出さずにニュートラルに応じなくてはなりません。このように接客場面では、ともすれば表現したい感情やそれに伴う非言語や近言語によるコミュニケーションの様々な要素はプロの意識を持って制御することが必要となります。

【身体表現】

③　身体表現

[笑顔やお辞儀、立ち居振る舞い、身だしなみなど、身体で表現されるコミュニケーションに注意を払いながら職務をこなすことができる]

　笑顔や清潔感ある身だしなみ、しなやかな立ち居振る舞いはゲストに好印象を与えます。前述したように身体で示されるチャネルはコミュニケーションを行う際に大きな役割を担っています。立ち居振る舞いや視線、表情などは、自分であまり意識しないことが多いですが、相手が受ける印象を決定づける要素になるため、より良い印象を与えられるよう常に注意を払うようにしましょう。

【外国語運用能力】

④　外国語対応

[必要に応じ、外国語（特に英語）でゲスト対応を行うことができる]

　外国語対応についての考え方は、言語コミュニケーションの重要な側面ですので、次の第2章で詳細に扱いますが、ここでは簡単に解説を加えます。訪日外国人旅行者が増加の一途をたどっている観光の現場には、様々な言語背景を持った人々が訪れます。日本語でコミュニケーションをとれる外国人ゲストは多くはありません。ゲストの言語で対応できれば理想的ですが、実際はそのようなことは不可能です。そのため、現場では必然的に共通語が必要となります。観光の現場の共通語は英語というのが世界では一般的な認識となっていますが、その一方で、様々な外国語で簡単な対応ができることも人的交流の観点から重要です。また、選択肢として、私たちの母語の日本語を積極的に使うという考え方もあります（詳細は第5章を参照）。英語に限定しない様々な言語への興味が、ホスピタリティ・コミュニケーションには大切であると言えるでしょう。

【言語パフォーマンス】

　ここで言う「言語パフォーマンス」とは、言語を駆使しつつゲストとのコミュ

ニケーションを図る力のことを意味しています。3つに分類をしています。

⑤ **言葉遣い**

［敬語の選択や婉曲な言い方など、適切な言葉遣いで対応ができる］

　ホストはゲストに対して適切な言葉遣いをすることが必要です。丁寧語、尊敬語、謙譲語を用いてゲストにリスペクトを示すことは基本ですが、どれほどの丁寧度合であるかは、現場の性質によって多少異なってきます。ハイエンドのホテルであれば、敬語にはかなり注意を払って使用する必要がありますが、カジュアルなホステルや民宿においては対応するゲストの様子を見ながら丁寧さを調節することも必要です。現場で求められていないような丁寧すぎる言葉遣いは慇懃無礼であると受け取られる場合もあります。適切な敬語使用の知識に加え、言語の調節力も重要なスキルです。

⑥ **アプローチの演出**

［適切な声のトーンや言葉の抑揚を使用し、目線を合わせて挨拶や声かけなどが積極的にできる］

　積極的にアプローチを行う事は、対人コミュニケーションの接点を生む活動として非常に重要です。挨拶や声掛けのアプローチを行わなければ、コミュニケーションの機会がそもそも創造されることはありません。そしてアプローチの際は、その場にふさわしい明るい声のトーンやアイコンタクト、笑顔などで相手の心に届くためのコミュニケーションの「演出」を行うことも必要です。声かけから発展する様々な会話は、ゲストの状況やニーズを知ることにもつながります。

⑦ **言葉の演出**

［ゲストの名前を呼ぶ、一言添えるなど、言葉で相手の注意を引くことができる］

　⑥の「アプローチの演出」の際に、さらに言葉での演出も付加することはゲストの心に印象を残します。例えば、名前を覚えてお呼びすることは実際多くのハイエンドのホテルで実践されています。また、「〜はいかがでしたか」「良くお休みになれましたか」など、一言を意識的に添えれば、コミュニケーションの発展につながります。相手の返答に対して、適切な相づちや言葉によって興味を示すこともコミュニケーションでは重要な要素です。場面場面で使用できるようなプラスの一言をストックしておくと良いでしょう。

第1章　ホスピタリティと対人コミュニケーションスキル　　13

【察知】

　観察や言葉のやり取りなどから情報を得て、人の心情に気づくことを察知と言います。人の気持ちを読む事、と言い換えることもできるでしょう。ホスピタリティを発揮する場面ではこのスキルが重要となります。p. 6で前述したように、日本には高コンテクストの文化が特徴としてあり、日本人は状況から察するということを得意としてきました。この項目は2つの段階に分類しました。

⑧　観察と察し

　[ゲストや周囲の状況をよく観察、把握し、ゲストの感情や要求を察して、必要に応じコミュニケーションを図ることができる]

　察するためには、観察が必要です。ゲストの表情や視線、態度など非言語の要素をさりげなく観察し、何か困っていないか、何か言いたいのではないか、など想像を巡らせて、「何かお探しでしょうか」のように遠回しにコミュニケーションを図ります。場合によっては状況を見守りつつ、コミュニケーションを図れる準備をしておくという選択もあるでしょう。

⑨　ニーズの察知と提案

　[ゲストとのやり取りの中で、ゲストのニーズを引き出して最適な提案をすることができる]

　⑧が主に非言語的な要素からの情報で察しをしてアプローチする場合であるのに対し、⑨はやり取りをしながら、言語から発せられるヒントから察しをしてゆく場合を想定しています。会話の中で「行間を読む」という行動とも言えるでしょう。ゲストは明確に表現しないけれど、何かを欲している様子があるような場合です。このような場面では、状況判断をしながらコミュニケーションをはかり、そのニーズを掘り下げ、最適な提案をしていくことが望まれます。例えば、「近くに和食レストランはありますか」という質問があった場合、「100mまっすぐ歩いたところにあります」と伝えれば用件は済みます。しかし、ゲストは和食でも何か特に食べたいものがある場合もありますし、価格帯を知りたいかもしれません。そのような隠れたニーズを察知するために、会話をさらに進めることがホスピタリティ・コミュニケーションのポイントとなります。そして、会話のやり取りの内容から、家族連れかカップルなのかなどの状況、好みや願望を察知し、より適切なレストランを提案することもできるでしょう。別の例では、不満の察知も重要なポイントとなります。やり取りの中から不満をもっていそうなゲストに気がつけば、さらに会話を続けてその状況や心理を

14　第Ⅰ部　ホスピタリティとコミュニケーション

理解して解決につながる提案をすることもできるかもしれません。

【ゲストへのエンゲージメント】

　エンゲージメント[1]とは、愛着や思い入れなどと訳されている場合が多いですが、この項目では、仕事やゲストに対する情熱のことを表現しています。この項目は、3つに分類しています。

⑩　情報提供の準備と提供

　[様々な情報を常にアップデートし、提供できるように準備し、わかりやすく伝えることができる]

　情熱のあるスタッフは、ゲストに提供できるように常に最新の情報を入手する努力をしているそうです。例えば、ホテルの近隣のレストランに行ってメニューを調べたり、実際に近くの観光地まで歩いてみてその途上にある目印を確認したり、徒歩とバスの時間を比べたりなどだそうです。実際にそこまでしないとしても、常に最新情報を提供しようという心構えや、わかりやすく伝える工夫をしようという態度がホスピタリティ提供の上ではとても重要です。

⑪　ホスピタリティの気持ち

　[ゲストに満足してもらいたい、喜んでもらいたいというホスピタリティの気持ちを持つことができる]

　このような気持ちを持つことは、ホスピタリティ・コミュニケーションの根幹をなす部分です。ホテルの人事の方の話によると、ホスピタリティの分野に入ってくる人材の多くはすでにそのような態度や気持ちを持っている人が多いということでした。一方、このような気持ちは職場の雰囲気や周囲の同僚たちとのチームワークなどの中からも育まれていくものでもあるそうです。

⑫　ホスピタリティの実践

　[全てのゲストに対してあらゆる場面において誠心誠意をもって対応することができる]

　⑪の気持ちを行動に表していくことが、この項目になります。「誠心誠意」という言葉に代わり、スタッフの方からは、"寄り添う心"、"喜んでもらいたいという純粋な気持ち"、という言葉も聞かれました。この対応を実施することによって、スタッフは日々仕事の達成による満足や喜びを感じるそうです。また、日ごろから、ゲストに喜んでもらう、という初心に返るための取り組みを組織として行っていくことも必要で、そのような取り組みでさらにモーティ

第1章　ホスピタリティと対人コミュニケーションスキル　15

ベーションを高めていくことが可能になるということです。

【個別対応】

　リピーターに対する特別な対応や、ゲストの要望やクレームなど、迅速な解決を必要とする事項にはある程度の経験や知識が必要となります。この項目は３つに分類しました。

⑬　特別対応の実践

　[リピーターのゲストに対しては好みなどを理解し個別感を与えるコミュニケーションを図ることができる]

　お得意様であれば、施設の説明等は省きます。うっかり初めての人のように扱って説明してしまえば、ゲストは自分がリピーターとして扱われないことに落胆してしまうでしょう。ゲストの名前を覚えることはもちろん、前回の滞在での会話を記憶にとどめておき、それを前提にコミュニケーションを図っていくなどの取り組みが、リピーターの高い満足度につながります。宿泊施設によっては、これらのゲストの好みやリクエストなどの記録をデータとして残し、次の滞在で活用しています。あたかもギャップが無かったように「イタリアのご旅行はいかがでしたか」などと会話を弾ませることで、ゲストに特別感を与えることができます。そしてスタッフ自身も再会できたゲストと楽しみながらコミュニケーションを実践することができれば、双方の距離は縮まり、ホスピタリティの構築につながるでしょう。

⑭　要望への対応

　[ゲストからの要望に対し、応えられない場合は代案を提示するなどして、ゲストの心理に寄り添ったコミュニケーションを図ることができる]

　ゲストからは様々な要望がでます。簡単なものから、対応が困難なものまであるでしょう。フライト中であれば席を変えてほしいとか、ホテル滞在中であれば連れの誕生日なので何かできないかとか、部屋を変更してほしいなどが例として挙げられます。より良い部屋にするなどの対価が発生するような要望については、差額を提示した上で納得してもらって変更することになります。誕生日のイベント等のリクエストについては、ホテルによっては一定限度までスタッフが使用できる金額を設定し、必要な時はスタッフ自身が判断してサービスを提供できる場合があります。これをエンパワメント（権限移譲）といい、例えばお誕生日のゲストに花束やお菓子を用意し部屋に置くなどすることがで

きます。そのようなエンパワメントが無い場合でも、スタッフは工夫して、例えばカードを書いたり折り紙を折ってお部屋に置いたりということもあるそうです。ゲストの要望をしっかりと聞き出し、それに応えられるように創造力を発揮してゲストの願いに寄り添うことが大切だと言えるでしょう。

⑮　クレーム対応

[ゲストからのクレームに対し、傾聴したうえで共感を示し必要であれば謝罪し解決策を提示するなどの、ゲストに納得して頂ける対応を心掛けることができる]

　クレームはサービスを提供する業務にはつきものです。クレーム処理の際に大切なのは、いかに円滑にコミュニケーションを図るかということです。クレーム解決には、傾聴、共感、謝罪（必要な場合）、そして解決策の提示というステップが必要です。まず、相手の言い分を真摯に傾聴し、何が不都合、不満足であったのかを理解し、相手の立場に身を置いて共感を示します。このステップで落ち着きを取り戻すゲストも多いと言います。ゲストの誤解によるものや、一方的で理不尽なクレームなど、謝罪が必ずしも必要でない場合もありますが、必要な状況とわかればすぐに謝罪の意を表すことが必要です。そして提示した解決策に納得してもらえるように取り計らいます。クレーム対応は簡単ではないスキルですが、現場ではクレーム対応が成功することで、リピーターになってくれるゲストがいることもあるそうです。ピンチはチャンスという考えが大切なのかもしれません。

【異文化対応】

　観光の現場は、アジア諸国、欧米をはじめ、今や中近東やアフリカ大陸からも様々な外国人旅行者が訪れるようになりました。都市から離れた地域でさえも、今や異文化の交錯する国際的な場所と化しているところもあります。ゲスト対応に当たっては、以下の2つの項目ができることが肝要です。

⑯　異文化の知識

[国や宗教などによる文化の違いを知識として理解し、ゲスト対応の準備をすることができる]

　異文化間のやり取りにおいては、無知が問題を引き起こすことがしばしばあります。異国の文化背景や宗教・主義などを積極的に知識として理解し身につけることが異文化コミュニケーションを成功させる第一歩となります。

⑰　異文化の理解と実践

　［文化背景の異なるゲストに対し、自分の価値観を押し付けることなく対応ができる］

　⑯で異文化の知識をある程度身につけた上で、自身の文化的な価値観、すなわち自分が当然と思うことが他の文化では当然でないことを理解し、様々な価値観を受容する態度でゲスト対応を実践することが必要です。また自分らの慣習やマナーを理解してもらおうと努力することが相互理解のためには必要になります。異文化を超える力を「transcultural competency」と言いますが、この力をつけるためには異なる価値観に気づき（be aware）、それを尊重（respect）し、調和（reconcile）を図っていくという態度が必要です（Trompenaars 1998）。なお、異文化コミュニケーションについては、第3章で詳細を扱います。

【チームワーク】

⑱　チームワーク

　［ゲストにより良いサービスを提供するためにチーム連携の対話ができる］

　この項目は他の項目と異なり、対ゲストとのコミュニケーションではありません。しかし、ゲストにより良いサービスを提供するためには、スタッフ間の連携が非常に重要であることが調査の中で強調されていたため、あえて項目立てをしたものです。連携のためには密なコミュニケーションが行える人間関係を構築できる能力が必要です。ゲストの状況やニーズをスタッフ間で常に共有することで、滞在中に途切れることの無いホスピタリティをゲストに提供することができるのです。

　以上、Can-Do リストの簡単な補足説明をしてきました。本書の第Ⅱ〜Ⅳ部では、これらのコンピテンシーが様々な場面でどのように実践されているのかの具体例も紹介していますので、さらに理解を深めるのに役立つでしょう。

4　コンピテンシーの習得とフレームワークの活用

表1-3（p.10）の Can-Do リストの中でどの項目が簡単で、どの項目がより難しいと思いますか？　リストを見ながら考えてみましょう。

(1) 学びのためのフレームワーク

　この節では、Can-Do リストとは別の形でホスピタリティ・コミュニケーションの概念と構成要素をわかりやすくまとめたフレームワークを紹介します（図1-2）。Can-Do リストを母体にしているので、構成要素はほぼ同様ですが、ここでは図の見方を示しながら簡単に説明を加えていきます。図中には p.10 の Can-Do リスト（表1-3）の項目番号（①〜⑱）を示し、紐づけをしています。図の下部にある項目は比較的基本となるコンピテンシーで、初期の段階で身につけておくことが望ましいものです。上部にある項目ほどレベルが高くなり、経験や学びを重ねることでスキルアップしていくイメージを示しています。

　まず、図の最上部にあるゲストとホストの関係性について理解をすすめましょう。観光の現場でホスピタリティを提供する際、旅行者であるゲストと対応する側のホストの間にコミュニケーションが生まれます。そしてそのやり取りの特徴は相手、状況・対応内容によって様々な形となります。チェックインのような同じ内容の対応でさえも相手が異なればそのやり取りは変化します。すなわち、ホスピタリティを提供する際には、必ず喜んでもらえるという確実性を担保することは困難ですし、全く同質に繰り返すことのできる再現性もありません。サービスはその特定の瞬間に繰り広げられるものなのです。スカンジナビア航空の最高責任者であったカールソン（1987）は著書の中で、これを真実の瞬間（moment of truth）と表現し、サービス対応にあたる約15秒という非常に短い時間で顧客に満足を与えることの重要性を指摘しています。この再現性のないやり取りの特徴を補完してレベルの高いのホスピタリティを提供するために有益なのが、このフレームワークに示された項目です。

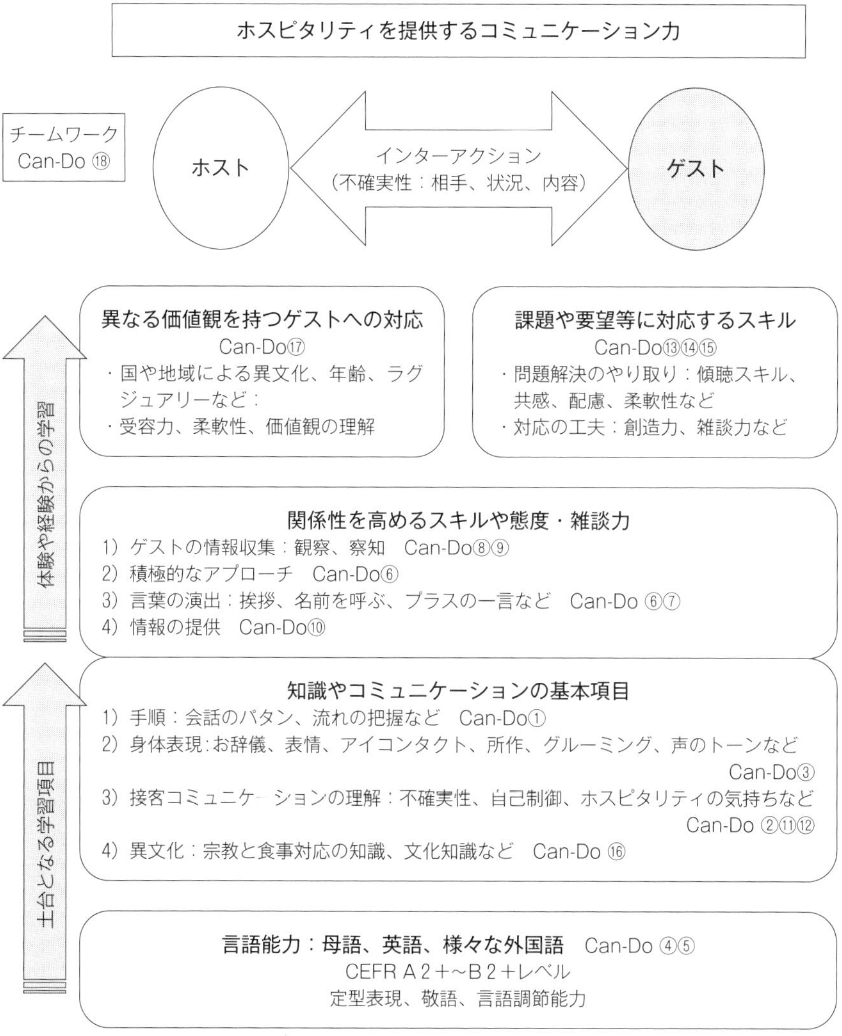

ホスピタリティを提供するコミュニケーション力

チームワーク
Can-Do ⑱

ホスト ⟷ インターアクション
（不確実性：相手、状況、内容） → ゲスト

体験や経験からの学習

異なる価値観を持つゲストへの対応
Can-Do⑰
・国や地域による異文化、年齢、ラグジュアリーなど
・受容力、柔軟性、価値観の理解

課題や要望等に対応するスキル
Can-Do⑬⑭⑮
・問題解決のやり取り：傾聴スキル、共感、配慮、柔軟性など
・対応の工夫：創造力、雑談力など

関係性を高めるスキルや態度・雑談力
1) ゲストの情報収集：観察、察知　Can-Do⑧⑨
2) 積極的なアプローチ　Can-Do⑥
3) 言葉の演出：挨拶、名前を呼ぶ、プラスの一言など　Can-Do ⑥⑦
4) 情報の提供　Can-Do⑩

土台となる学習項目

知識やコミュニケーションの基本項目
1) 手順：会話のパタン、流れの把握など　Can-Do①
2) 身体表現：お辞儀、表情、アイコンタクト、所作、グルーミング、声のトーンなど
　　Can-Do③
3) 接客コミュニケーションの理解：不確実性、自己制御、ホスピタリティの気持ちなど
　　Can-Do ②⑪⑫
4) 異文化：宗教と食事対応の知識、文化知識など　Can-Do ⑯

言語能力：母語、英語、様々な外国語　Can-Do ④⑤
CEFR A 2 ＋〜B 2 ＋レベル
定型表現、敬語、言語調節能力

図1-2　ホスピタリティ・コミュニケーションのフレームワーク

出典：藤田ほか（2022）より筆者一部改変。

20　第Ⅰ部　ホスピタリティとコミュニケーション

（2）土台となるコンピテンシー

　図1-2の下部に置かれた「言語能力」（Can-Do④⑤）は言語によるコミュニケーションの基本になります。接客にふさわしい敬語の表現や定型の表現を母語でも外国語でも適切に使用できることが求められます。下から2番目の枠にある「知識やコミュニケーションの基本項目」は、早い段階で知識として学び身につけることが重要な要素です。4項目が挙げられています。1）手順（Can-Do①）はやり取りの基本を知識として身につけること、2）身体表現（Can-Do③）は非言語で表現されるコミュニケーションを意識して実践すること、3）接客コミュニケーションの理解（Can-Do②⑪⑫）は、サービスは相手や状況に依存し不確実であり再現性がないものであるという特徴の理解、自己制御やプロフェッショナルな態度の必要性の理解、ホスピタリティの気持ちの醸成などで、4）の異文化（Can-Do⑯）は知識として異文化に関する理論や文化ごとの特徴を理解しておくことを示しています。

（3）経験や学びから積み上げるコンピテンシー

　基本となる力をつけながら、さらに必要となるのは、次元が次のレベルになると考えられる上部にある項目の学習です。これらは、知識として学ぶだけではなく、研修や実際の業務の中で周りの人を観察し、また、自らの経験を通して体得していくものと言えます。

　中央のフレームの「関係性を高めるスキルや態度・雑談力」というカテゴリにまとめられているのは、ゲストの情報収集（Can-Do⑧⑨）、積極的なアプローチ（Can-Do⑥）、言葉の演出（Can-Do⑥⑦）、情報の提供（Can-Do⑩）という4項目です。情報収集はゲストのニーズやウオンツを理解し、顧客満足につなげるためには必要不可欠です。そのためには、観察や対話による察知が必要です。双方間にダイアログが生まれなければ関係性は構築できないため、積極的なアプローチや演出、ゲストにとって有益な情報提供をしていくことも大切です。このようにゲストとの関係性を高める方法としてダイアログが必要であることから、このフレームの中では「雑談力（スモールトーク）」が重要です。ホスピタリティ・コミュニケーションの調査をする中で、現場で働く多くの方が、雑談の重要性について触れていました。例えば、ある旅館の女将は「私たちは雑談で仕事をしているようなものです」とおっしゃっていました。雑談はゲストのニーズを知るためにも重要ですが、それ以外にもゲストに安心感や旅の楽し

第1章　ホスピタリティと対人コミュニケーションスキル　　21

さを与えたりします。旅は日常から離れた場所での体験ですが、現地のスタッフとの他愛のない会話は旅の楽しい思い出として心に残るものではないでしょうか。

　上部右のフレーム「課題や要望等に対応するスキル」(Can-Do ⑬⑭⑮) は、観光の現場に限らず、あらゆる顧客対応の職種において必須なスキルですが、内容によっては難易度が高いこともあります。特にこのカテゴリに関しては、様々なケースによってどのようなコミュニケーションのストラテジーや言語表現を使うのか、どんな対応例があるのかなどを、経験を積みながら学び続けることがスキルの高い人材になるためには必要だと言えるでしょう。

　上部左のフレーム「異なる価値観を持つゲストへの対応」(Can-Do ⑰) というと、まず思い浮かぶのが異文化対応でしょう。しかし、実は異なる価値観というのは、国境を越えた国や文化によるものだけではありません。年代による違い、同じ国内でも地域による違い、富裕層に代表されるような経済的レベルによる違いなど様々なものがあります。いずれの場合でも、まずは価値観に違いがあることを前提として対応に当たることがコミュニケーションの基本です。そしてそのためには柔軟な考え方や態度が欠かせません。

　この節では p. 19のフレームワーク（図1-2）の補足説明をしながら Can-Do リストの内容を確認してきました。ホスピタリティを実現するコミュニケーション力は実に様々な要素から成り立っています。これらの要素を意識的に身につけるよう心掛けていけば、ホスピタリティ・コミュニケーション力を高めていくことができるでしょう。

5　コンピテンシーの向上のために

　本章では、観光の現場において旅行者やゲストにより良い体験をしてもらうためにコミュニケーション力が重要な役割を果たすことを説明してきました。そして、どのようなスキルや知識、態度を身につければ、より高いホスピタリティを発揮できるのかについて論を進めました。18項目のホスピタリティ・コミュニケーションのコンピテンシーは、ゲストの喜びや満足につながるホスピタリティの提供に重要な要素です。そして、日常の中でメッセージを伝えあうという意味合いのコミュニケーションと比較すると複雑で多重な構造になっていることがおわかりいただけたことでしょう。Can-Do リストとフレームワー

ク図は、取り組むべき項目を整理して可視化しているので、参照することによって自身の能力をある程度見極めることが可能になります。リストの中には自身が得意なところもあれば、苦手な項目もあるかもしれません。足りないまたは苦手と思われるところを補うために研修を受けたり努力をしたりすることが、コンピテンシーの習得につながることでしょう。

エクササイズ ②

表1-3のCan-Doリストを見て、自身がそれぞれの項目ができるかどうか4段階（1できる、2まあできる、3あまりできない、4まだできない）でチェックしてみましょう。3、4にチェックが付いた項目をどのようにしたら強化改善できるようになるのか考え、具体的な学習計画を立ててみましょう。

第1章のポイント

▶観光の現場において顧客満足を達成するために欠かせないのがコミュニケーション力である。

▶コミュニケーションの要素には言語、近言語、非言語、そして異文化コミュニケーションなどがあり、いずれもゲスト対応に影響を与える。

▶ホスピタリティ・コミュニケーション力はスキルとして伸ばしていくことができる。

注

1）マーケティングの分野に顧客エンゲージメントという言葉がありますが、これは企業組織とカスタマーの信頼関係や絆のことを言い、ここで扱うエンゲージメントとは異なります。

参考文献

綛田はるみ・藤田玲子（2022）「ホスピタリティ・コミュニケーションのシラバス作成に向けた基礎調査――ホテルベテランスタッフ・インタビュー及び学生アンケート結果――」『第37回日本観光研究学会全国大会学術論文集』327-331。

藤田玲子・綛田はるみ・田中直子・中井延美・林千賀・森越京子（2022）『科学研究費基金（基盤研究B）調査研究成果報告書 2020年～2022年：観光とコミュニケーションに関わるコンピテンシー評価指標の開発』。

藤田玲子・田中直子（2022）「観光の接客場面におけるホスピタリティのコンピテンシー抽出の試み――コミュニケーションの視座から――」『観光研究』33（2）、35-45。

藤本学・大坊郁夫（2007）「コミュニケーション・スキルに関する諸因子の階層構造への統合の試み」『パーソナリティ研究』15（3）、347-361。

大坊郁夫（1998）『しぐさのコミュニケーション――人は親しみをどう伝え合うか――』サイエンス社。

森下俊一郎（2023）『おもてなしの理念、知識、異文化のマネジメント』晃洋書房。

深田博己（1998）『インターパーソナルコミュニケーション――対人コミュニケーションの心理学――』北大路書房。

安田亘宏（2010）『澤の屋旅館はなぜ外国人に人気があるのか――下町のビジット・ジャパン・キャンペーン――』彩流社。

Bharwani, S., & Jauhari, V.（2013）An exploratory study of competencies required to co-create memorable customer experiences in the hospitality industry. *International Journal of Contemporary Hospitality Management Vol. 25.* 823-843.

Carlzon, J.（1987）*Moments of Truth.* Ballinger Pub Co.（『真実の瞬間――SAS のサービス戦略はなぜ成功したか』堤猶二訳、ダイヤモンド社　1990年。）

Hall, E. T.（1976）*Beyond culture.* Double Day.（『文化を超えて』岩田慶治・谷泰訳、TBS ブリタニカ、1993年。）

Millar, M., Mao, Z., & Moreo, P.（2010）Hospitality & tourism educators vs. the industry : A competency assessment. *Journal of Hospitality & Tourism Education, 22*（2）, 41-42.

Pezzotti, G.（2012）The essence of hospitality and service. *The Cornell school of hotel administration on hospitality : Cutting edge thinking and practice,* 5-18.

Trompenaars, A.（1998）*Riding the waves of culture : understanding diversity in global business,* McGraw-Hill.

おすすめの本

◆エリン・メイヤー（2014）*The Culture Map, Breaking Through the Invisible Boundaries of Global Business,* Public Affairs.（『異文化理解力――相手と自分の真意がわかるビジネスパーソン必須の教養――』田岡恵監修、樋口武志訳、英治出版　2015年。）

◆森下俊一郎（2023）『おもてなしの理念、知識、異文化のマネジメント』晃洋書房。

◆森きょうか（2023）『上質なホスピタリティサービスを提供する「察しのスキル」』晃洋書房。

（藤田玲子）

第2章
観光の現場における言語対応

 この章で学ぶこと

コミュニケーションには様々な要素があることを第1章で概観してきましたが、図1-2フレームワーク図（p.19）にも示したように、コミュニケーション力の土台は言語です。この章では、観光の現場で必要となる英語を含めた多言語の重要性について考えます。またホスピタリティ・コミュニケーションを発揮するのに必要な言語レベルについても見ていきます。

1 言語コミュニケーションとホスピタリティ

Warm up Q

あなたがアルバイトをしている旅館に外国人のお客さまが来てチェックインをするところです。見たところ、どこの国の人かはわかりません。話しかけて対応する場合、どんなことに気をつけますか？

（1）訪日外国人旅行者との言語対応の考え方

　ホスピタリティ・コミュニケーションを実践する際は、言語が大きな役割を占めます。第1章で示したCan-Doリストには、身につけるべき項目の1つとして**外国語対応**（Can-Do③）が挙げられています。この節では、使用する外国語について考えていきましょう。日本人が外国人と会話をする場合、英語を使用する、と思う人が多いのではないでしょうか。観光の現場においては、英語がデフォルトであることを示唆している研究者もいますし（Blue and Harun 2003）、実際ホテルや旅館などでも日本語が通じなければ英語で対応、ということが主流となっています。一方で、訪日外国人旅行者の2023年度国別統計（日本政府観光局 2024）を見てみると、その60％以上が近隣の東アジア諸国である韓国、中国、台湾、香港からとなっています（図2-1）。次が東南アジア・インドで

第2章　観光の現場における言語対応　25

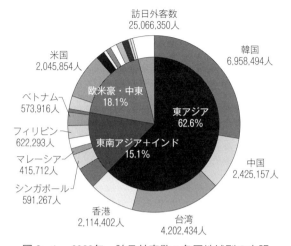

図2-1　2023年　訪日外客数：各国地域別の内訳
出典：「日本の観光統計データ」（日本政府観光局）〈https://statistics.jnto.go.jp/graph/#graph--breakdown--by--country〉

約15.1％、英語が母語であるアメリカなどからの旅行者の割合は、全体の中でそれほど大きくないことがわかります。このような実態を見れば、英語だけではなく、韓国語や中国語が使えることは大きなメリットになることがわかるでしょう。さらには、ドイツ語、フランス語、スペイン語などのヨーロッパの言語やタイ語やベトナム語などの東南アジアの言語を使用して片言でもコミュニケーションが取れれば、それらの言語を母語とする人に喜ばれるでしょう。また韓国や中国をはじめ、東南アジアからの旅行者は日本語学習者である場合も多く、あえて日本語を使用してコミュニケーションをはかる、という考え方もあります（詳細は第5章を参照）。

　また、これらの言語の運用力をしっかりと身につければ、観光ガイドとして活躍できる可能性もあります。国家試験である全国通訳案内士の試験は、合格すればライセンス保持者として観光ガイドの業務に従事できる資格ですが、英語に加え、フランス語、ドイツ語、スペイン語、中国語、イタリア語、ポルトガル語、ロシア語、韓国語、タイ語の10カ国語で資格が取れるようになっています。しかし、英語以外の受験者は多くないのが現状で、近年のデータでは、英語と中国語以外の各言語合格者は年間で10人以下となっています（日本政府観光局 2023）。この例からもわかるように、英語以外の言語を駆使できる日本

26　第Ⅰ部　ホスピタリティとコミュニケーション

人はそう多くないのが実態です。

　しかし、日本語がわからず英語も苦手な訪日外国人旅行者であれば、母国語でやり取りできたら、安心かつ便利と感じるでしょう。このような旅行者の様々な言語のニーズに対応するために、観光の現場では少なくとも多言語による説明書きや指差しツールなどを作成するなど、常に多言語のニーズを意識して準備をしておくことが望まれます。また、ガイドのような高レベルの対応ではなくても、簡単なあいさつやお礼などを相手の言語で伝えることができれば、これをきっかけに片言のコミュニケーションが弾むことも考えられます。これはホスピタリティ・コミュニケーションの**アプローチの演出** (Can-Do ⑥)、**言葉の演出** (Can-Do ⑦) にあたります。このように、観光の現場では、常に日本語使用も含めた多言語へのニーズに意識を向けて、ホスピタリティ・コミュニケーションを展開するよう心がけましょう。

（2）現場での英語コミュニケーション

　英語を使うことが必ずしも当然というわけではない現状を説明しましたが、実際は、ホストとゲストの双方が相手の言語を理解しなければ、多くの場合英語によるコミュニケーションが展開されることになります。英語とひとことで言っても実は広義で、様々な英語があります。英語使用者の位置づけを最初に分類し提示したのがKachru (1990) の World Englishes 理論の同心円モデルです (図2-2)。英語を母語として使用する国には、イギリス、アメリカ、オーストラリアなどがありますが、円の中心にある ① 内円圏 (inner circle) として置かれています。英語を公用語や準公用語と定めて英語を教育言語として使用しているフィリピン、シンガポール、インドなどの国々は ② 外円圏 (Outer Circle) として1つ目の円を取り囲んでいます。また日本と同様に世界の多くの国々では教育システムの中で英語を外国語として位置づけていますが、これらの国々は ③ 拡大円圏 (Expanding Circle) として円の外側に描かれています。拡大円というその名の通り、国際的な発展を見据えて英語教育に力を入れる国の数は増えています。ヨーロッパにおいては、言語のダイバーシティーが尊重されつつも、実際は英語が多様な母語を持つ人々の共通語であるリンガフランカ (English as a Lingua Franca) (Seidlhofer 2011) としての役割を果たしています。内円圏ではない国々の人がどのように英語を身につけていくかは、それぞれ様々ですが、Kachru が英語の多様性を示したことで、その固有の特徴についての

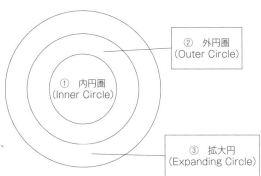

図 2-2　World Englishes の分類
出典：Kachru, B. B. (1990：179) より筆者作成。

研究が盛んになりました。大石ほか (2023) は World Englishes の多様性について整理をしています。例えば、母音が母語からの影響を受ける場合、アクセントやトーンやリズムが変容する場合、母語の語彙や文法をそのまま借用するケースなどを挙げています。

　前述したように、訪日外国人旅行者の多くは東アジアを中心に、東南アジア、ヨーロッパなどから来ており、Kachru のモデル図でいうところの外円圏や拡大円圏からの旅行者です。一方で、英語がネイティブスピーカーである内円圏からの旅行者はどうでしょうか。図 2-1 で示されたデータでは、アメリカ人は 2,045,854 人 (8.2%)、カナダ人、オーストラリア人、イギリス人は少数でグラフ中には見えませんが、それぞれ 1.7%、2.4%、1.3% となっています。このように内円圏からの旅行者は 15% には満たない程度でしょう。したがって、観光の現場で使用されているリンガフランカとしての英語は、ネイティブスピーカーが話すいわゆるスタンダードといわれる英語とはかなり異なるものになっていること、拡大円圏や外円圏の人々同士がコミュニケーションを図っていく場面が多いということなのです。リンガフランカを通じてコミュニケーションを取ろうとする人同士は、確認をしたり、聞き直したり、言語を調節するなどのストラテジーを使用しながら意思疎通を図ることが研究からもわかっています (Jenkins 2022)。ですから、観光の現場での英語コミュニケーションの際も、相手の英語のレベルを見極めつつ、発音や文型が異なる変種の英語にも注意を払いながら、会話を運ぶことになります。相手が片言程度の英語レベルであれば、こちらはゆっくりと話す、平易な表現を使う、よくわからない場

合は相手の言った内容を確認するなどの配慮やストラテジーが必要になるでしょう。

 エクササイズ ①

英語を外国語として学ぶ人の英語の特徴を国ごとに調べてみましょう。
　例）日本人の話す英語は、ＬとＲの区別がよくできていない（rice, lice）。

2　現場での言語運用

観光の現場で必要な外国語の難易度はどのくらいでしょうか？　どんなやり取りがあるかを考えながら、どの程度のレベルが必要か推測してみましょう。

（1）観光現場の言語レベル

　観光の現場でのゲスト対応には、どの程度の外国語レベルが求められるでしょうか。言語のレベルを測るガイドラインとして世界で広く使用されているものにCEFR（Common European Framework of Reference for Languages：ヨーロッパ言語共通参照枠）があります。2001年に欧州評議会が発表し、言語学習者が言語をコミュニケーションのために使用するには何を学ぶ必要があるか、効果的に行動できるようになるためにはどのような知識と技能を身につければよいかを総合的に記述しているものです。レベルはＡが初級、Ｂが中級、Ｃが上級で、これらはさらに細分化されて10段階（Pre A, A1, A2, A2+, B1, B1+, B2, B2+, C1, C2）に分けられています。観光の現場でのやり取りで使用される外国語レベルは相当高いのでは、と考える人は多いかもしれませんが、実は過去の研究では初級であるＡ2＋から初中級のＢ1の言語使用が中心的であることが明らかになってきています。WahyantiほかØ（2018）はホテルスタッフのリスニング力はＢ1が平均、スピーキングはＡからＣまで個人差があるとしています。本書の執筆者らが中心となって実施した研究調査では（藤田ほか 2023）、英語と日本語の両言語についてＡ2＋が必要な場面が最も多く次にＢ1レベル使用の

第2章　観光の現場における言語対応　29

表2-1　CEFR　オーラル・インターアクションのディスクリプター
（B2＋〜A2部分抜粋）

レベル	ディスクリプター（Overall oral interaction）
B2＋	一般的または学術的、職業や余暇など幅広い話題について、流暢に、正確に、効果的に言葉を使うことができ、考え方の関連性を明確に示すことができる。言いたいことを制限することなく、文法的にうまくコントロールしながら、状況に応じて適切なレベルで自発的にコミュニケーションをとることができる。
B2	流暢で自然なやり取りができ、双方に負担をかけることなく、定期的な交流や対象言語の使用者との持続的な関係を、維持することができる。自分が関わった出来事や経験の重要性を述べることができ、また、適切な説明や議論を提供することによって意見を明確に説明し、維持することができる。
B1＋	自分の興味や専門分野に関連した身近な日常的、非日常的な事柄について、ある程度自信を持ってコミュニケーションをとることができる。情報を交換し、確認し、あまり日常的でない状況に対処し、何かが問題である理由を説明することができる。映画、本、音楽など、より抽象的で文化的なトピックについて考えを述べることができる。
B1	旅行中などに起こりうるほとんどの状況に、幅広い簡単な言語を使用して対処することができる。家族、趣味、仕事、旅行、最近の出来事など、身近な話題について、何の準備もなく会話に入り、個人的な意見を述べたり、情報を交換したりすることができる。
A2＋	構造化された状況や短い会話において、必要に応じ相手が助けてくれれば、それなりに容易に対話することができる。簡単な日常的なやりとりを無理なく行うことができる。予測可能な日常の場面で、身近な話題について質問したり、答えたり、アイデアや情報を交換したりすることができる。
A2	仕事や自由時間に関係する身近で日常的な事柄について、簡単で直接的な情報交換を必要とする作業でコミュニケーションができる。ごく短い社交的なやりとりはできるが、自分の意志で会話を続けられるほど理解できることはほとんどない。

出典：Council of Europe（2020）, Common European Framework of Reference for Languages : Learning teaching, assessment（筆者訳）.

場面が多いと判定しました。表2-1はCEFRの中に分類された言語技能のうち、対人コミュニケーションに相当する技能であるインターアクション（やり取り）のリストにあるディスクリプターを示したものです。A2＋からB1とは、「構造化された状況」「予測可能な場面」で「身近な話題」を扱うことができ（A2＋）、「幅広い簡単な言語」を使用できる（B1）レベルです。平均的にはこのレベルがあれば業務はこなせることがわかった一方で、ホテルにおいては、フロントやベルスタッフなど、その役割によって、レベルの違いがみられました。幅広い対応が求められるフロントスタッフはB2に及ぶ言語レベルが必要な場合がありました。さらに、富裕層が多く訪れるハイエンドの宿泊施設

では、B2＋の言語運用が必要となる場面もありました。これは、説明や提案が必要になるゲストの要望やクレーム対応の場面でしたが、外国語だから難しいというだけではなく、母語でさえも難易度が高い対応であると言えるでしょう。

　このレベル判定から言えることは、ホスピタリティ・コミュニケーションに必要となる外国語スキルを習得するにあたり、ステップとして、まずA2＋レベルの対応ができることを目指し、その後は実践の中で経験を積みながら、より高い言語運用力を身につけていけばよいということです。レベルアップしていくことで可能になるのは、状況に応じた適切な表現の使用、正しい語彙の選択です。また文化や歴史の説明といった知識の提供も可能になります。婉曲な言い回しなども使えるようになっていきます。政府が誘致に力を入れていることもあって、近年富裕層の訪日客が増加していますが、彼らにはより高い言語能力での対応が必要です（詳細は第4章を参照）。ホスピタリティ・コミュニケーション力を高めるためには、やはり土台となる言語の継続的な研鑽がかかせないのです。

（2）LSP (Language for Specific Purposes) としてのコミュニケーション

　第1章で言及したように、観光の現場とは、ホストとゲストの交流が多い宿泊施設が代表的なものになります。それ以外にも鉄道や航空などの運輸業、そして観光案内所、観光地の施設やお土産店もあるでしょう。これらの場所で、外国人旅行者に対応するために外国語使用の必要性が生じた場合、外国語が苦手と思っている人にとって、初中級レベルでよいと言われても、その対応はハードルが高いと感じるかもしれません。しかし、新規国際観光地で聞き取り調査をした際に、興味深いことがわかりました（藤田ほか 2017）。外国語ができないので自身が外国人旅行者に対応することは困難である、と当初考えていた人々は、実際に外国人に対応をしていくうちに、いつの間にかコミュニケーションが取れるようになっていたということです。その原因について分析したところ、1つ目には、対応をこなしていくうちに、正確な文章を作らなくても片言でもコミュニケーションは取れることがわかり、心理的な壁が低くなったことでした。また2つ目は、対応の際の会話内容が限定的である、ということでした。例えば宿泊施設であれば、チェックイン時にやり取りする内容には一定のパタンがあります。お客さまの名前を確認し、宿泊者の情報を紙に記入してもらう、

鍵の受け渡しを行う、部屋の場所、朝食の会場や時間の案内をするなど、内容は非常に固定的でルーティンなものになります。

　2つ目の理由として示したような特定の場所における限定的なコミュニケーションのことを言語学の分野では LSP（Language for Specific Purposes）と呼んでいます（Swales 1990）。英語を例に挙げて説明しましょう。英語の場合は English の E を取って ESP（English for Specific Purposes）（Hutchinson and Waters 1987）と呼ばれますが、私たちが学校教育の中で学ぶのは一般英語（General English）と呼ばれるもので、幅広く一般的なスキルの習得を目指しています。一般的であるが故に汎用性はありますが、内容が膨大で学び終わりのないイメージではないでしょうか。一方で ESP は、工学英語、看護英語など、ある分野に特化した目的を持つ英語のことを指します。ESP の分類の中でも特定の職業分野に特化した EOP（English for Occupational Purposes）となると、かなり限定的な内容になります。例えば、EOP の1つであるホテル英語を学習する場合、チェックイン、チェックアウトのやり取りのパタンの表現、ゲストからの頻出質問の答え方などを学ぶことが挙げられるでしょう。この限定的な範囲の英語をしっかりと体得してしまえば一通りの対応はできるようになります。もちろん想定外の事項や苦情対応など、パタンの習得だけではカバーしきれない部分はあり、それはその現場ごとにどのように対処するか対策を練っておく必要はあります。しかし、ESP のコンセプトを知り、ルーティンのパタンを学んで積み上げていくことは、学習上非常に効率的であると言えるでしょう。

　これは英語に限ったことではなく、LSP の L の Language で示されているように、あらゆる言語に共通する事です。九州の別府温泉の観光案内所での取り組みについて、担当の方に話を聞いたことがありました（藤田・本田 2020）。別府温泉には、地理的に近いこともあって韓国からの観光客がだんだん増加するようになりました。そこで、その対応のために、観光案内所では必要な会話のパタンを抽出しました。頻出する内容はほぼ決まっており、主に交通案内や観光施設情報などです。スタッフがそのパタンを話せるように韓国語のトレーニングを実施したところ、半年後にはスタッフのほとんどが基本的な韓国語による対応ができるようになったということです。その数年後に今度は中国人観光客が急増し、その際も同様に中国語による案内の典型パタンのトレーニングを行うことで対応ができるようになったそうです。典型パタンの中国語だけでは済まない場合に備えて、中国人スタッフに緊急時用の電話を持ってもらい、

32 第Ⅰ部 ホスピタリティとコミュニケーション

イレギュラー対応に備えるという万全な対策を取っているということでした。このような取り組みは LSP を観光の場で実践し、成功させている事例であると言えるでしょう。

3 Can-Do リストを支える言語力

さて、本章では、ホスピタリティ・コミュニケーションのフレームワーク（図1-2）の土台となる言語力について様々な角度から見てきました。高度なレベルの言語が必要なわけではなく、CEFR で言えば A 2 ＋である初級から初中級の B 1 のレベルがあれば基本的な対応には問題はないことを示しました。ただし、フレームワークの上部のコンピテンシーを身につけるには、定型表現から徐々に雑談やクレーム対応などに対応できる言語力を加えてレベルアップをはかっていくことが必要です。また英語を使用する場合には、やり取りする相手の多くは英語が母語でなく、World Englishes を使う人々であることを念頭に置くことも重要であることを述べました。訪日外国人旅行者の言語レベルを見極めつつ、自身の言語レベルを調節できるようになることは、より円滑なコミュニケーションの実践に役立ちます。

最後になりますが、言語対応に関わる近年の急速なテクノロジーの発展はめざましいものがあり、現場の状況も大きな変化を遂げています（詳細は第8章参照）。スマートフォンがあれば、外国語ができなくても意思疎通は十分可能になりました。この現状を受け、もはや外国語を学ぶ必要はないのでは、と考える人もいることでしょう。筆者らは、言語対応のテクノロジーは観光の現場でもますます活用されるべきものと認識している一方で、英語をはじめとする様々な外国語を学ぶ重要性を一貫して強調したいと考えています。それは、第1章で見たように、ホスピタリティ・コミュニケーションのチャネルは言語のみではなく、非言語や異文化など多くの要素が反映されているからです。機械翻訳だけでは伝わらない総合的なコミュニケーションの要素が大きいのです。

エクササイズ ②

相手の言語レベルが高くないときに、双方のコミュニケーションを成立させるためにどのようなストラテジーを使用することが考えられますか？ いくつか挙げてみましょう。 例）ゆっくりと話す。

第2章のポイント

▶観光の現場において、外国人旅行者に対応する際に英語は重要であるが、様々な言語での対応を心がけることも必要である。

▶外国人旅行者の使用する英語は、ネイティブスピーカーから初修者レベルのものまで様々であり、母語の発音や文法の影響を受けた特殊な英語であることが多い。

▶ホスピタリティ・コミュニケーション力は母語や外国語の言語を土台として学習し、スキルとして積み上げていくことができる。

注
1) この国家試験は年に一度実施され、外国語に加え、日本の歴史・社会・文化などについての知識も試されます。

参考文献
大石晴美編（2023）『World Englishes 入門——グローバルな英語世界への招待——』昭和堂。
日本政府観光局（2023）「全国通訳案内士試験 2023年度受験者数及び合格者数」。〈https://www.jnto.go.jp/final_guide_gokauksha_2023.pdf〉2024年8月8日閲覧．
藤田玲子・綛田はるみ・田中直子・林千賀・森越京子・中井延美（2023）「ホテル接客業務で必要とされるコミュニケーション能力の評価指標の作成——言語能力のCEFRレベル付け——」『観光ホスピタリティ教育』16号、1-15。
藤田玲子・本田量久（2020）「観光地における言語対応——まちなかの取り組み——」山川和彦編『観光言語を考える』くろしお出版、32-45。
藤田玲子・ロドルフォ・デルガド（2017）「ローカル地域の国際観光地化に伴う英語コミュニケーション力の変化」『日本観光研究学会全国大会学術論文集』Vol. 32, pp. 305-308。
Blue, G. M. and Harun, M.（2003）Hospitality language as a professional skill. *English for Specific Purposes, 22*（1）, 73-91.
Council of Europe（2020）*Common European Framework of Reference for Languages : Learning, teaching, assessment — Companion volume*, Council of Europe Publishing,

34 第Ⅰ部 ホスピタリティとコミュニケーション

Strasbourg, available at www.coe.int/lang-cefr.

Hutchinson, T., & Waters, A. (1987) *English for specific purposes*. Cambridge university press.

Jenkins, J. (2022) Accommodation in ELF : Where from? Where now? Where next. *Pragmatics in English as a lingua franca : Findings and developments*, 17-34.

Kachru, B. B. (1990) World Englishes and applied linguistics. *World Englishes, 9* (1), 3-20.

Swales, J. (1990) *Genre Analysis : English in Academic and Research Settings*, Cambridge University Press.

Seidlhofer, B. (2011) Conceptualizing 'English' for a multilingual Europe. *English in Europe today : Sociocultural and educational perspectives*, 133-146.

Wahyanti, C. T., Rahardjo, O. S., & Dewi, Y. E. P. (2018) CEFR-based Front-desk Staff's English Skills : A Case in Indonesian Hotels. *Theory and Practice in Language Studies, 8* (12), 1671-1678.

おすすめの本

◆大石晴美編（2023）『World Englishes 入門――グローバルな英語世界への招待――』昭和堂。

◆藤田玲子・加藤好崇（2018）『やさしい日本語とやさしい英語でおもてなし――訪日客をもてなすための伝わりやすい言葉のルール――』研究社。

◆山川和彦編（2020）『観光言語を考える』くろしお出版。

（藤田玲子）

第Ⅱ部
ホスピタリティ・コミュニケーションの実践

このセクションでは、異文化と言葉の関係や外国人対応の際の英語や日本語の使用に関して見ていきます。文化によって言葉の使い方が異なってくることや、接客の際に英語で丁寧さをどのように表現するのか、そして、外国人旅行者とのコミュニケーションにやさしい日本語を使うという新たな視点も紹介しています。それぞれの章では、言語学的な知見を用いて説明が行われています。ホスピタリティ・コミュニケーションを学問的な視点から見ていきましょう。

第3章
異文化コミュニケーションとおもてなしの日本語表現

この章で学ぶこと

この章では、異文化コミュニケーションをホスピタリティに活かす具体的な方法を学びます。まず、異なる文化を持つ人への対応の背景にある異文化コミュニケーションとは何か説明しつつ、実際の会話や例などで示しながら、そのストラテジーを学びます。そして、日本式の「おもてなし」のコミュニケーションとは何かも学びます。最後に宗教的な背景などの違いによる食事対応についてふれます。

1 コミュニケーションスタイルと
高コンテクスト・低コンテクスト文化

Warm up Q

これまで文化背景の異なる人と話をした時、「話がうまく噛み合わない」、「話が通じない」、「伝えたと思っていたのに伝わっていない」などといった経験はありませんか。それはコミュニケーションスタイルが違うからと言われていますが、それは一体、どんなことでしょうか。考えてみましょう。

下の例を見てください。ホテルにおける上司と部下の会話です。

マネージャ：「スミスさまに頼まれて（い）た件だけどさ、スミスさまがお戻りになったら、お伝えしといてくれない。」
田中：「はい、かしこまりました。」
マネージャ：「頼んだよ。ありがとう。」

ホテルマネージャーは、お客さまのスミスさまに依頼された「明日の車の手配」について部下の田中さんに「明日の車は手配ができており、8時半に車よせで待ってもらうように」ということを言わなくても自身の意図を伝えることができています。マネージャーは、この件は、田中さんとの了解事項であるた

め、詳細を伝えなくても理解し合うことができます。しかし、この状況を把握していない別の部下に伝えるときは、「スミス様からご依頼の車の手配の件だけど、明日の車は手配ができているので、8時半に車よせでお待ちいただくように頼んでくれませんか」と伝えるでしょう。このようにコミュニケーションスタイルには、お互い了解している内容について、言語化しないやり方と、伝えるべき内容をはっきり言語化するやり方があります。前者が高コンテクスト・コミュニケーションスタイル、後者を低コンテクスト・コミュニケーションスタイルと言います。高コンテクスト・コミュニケーションは言葉ではっきり言わず、文脈・情報・状況・非言語要素に依存しています。一方、低コンテクスト・コミュニケーションは、このような要素に依存することがなく、言葉ではっきり伝えます。

　例えば、転勤で新しい部署に配属されたり、新入社員として働き始めたりするときに、その会社文化を理解していない人は、話がうまく通じない時があります。そんなときは、周りがサポートしてしっかり説明しましょう。同じ文化背景をもつ会社の同僚同士なら、ある程度、「文脈」をシェアーしていますので、言葉で言わなくても通じ合うことができます。「接客場面」においても、もし、お客さまがホテルのあるエリアに詳しくなく、地方から来ていらっしゃる方や外国の方には、特に気をつけて目的地までの行き方や電車の乗り方などをしっかり説明する必要があるでしょう。状況を共有している相手に話すときと、言葉でしっかり伝えなければならないときとでは、話し方が異なるのです。

　これらはE・Tホール（1993）が高コンテクスト文化・低コンテクスト文化として提唱しており、同じ文化を共有している日本などは、高コンテクスト文化を特徴とし、日本では「察する」ことや「空気を読む」ことが重視されています。一方、多文化共存型のアメリカやカナダでは、言葉に依存する低コンテクスト文化で（石井ほか 2021）、言葉ではっきり伝えなければなりません。接客場面でも同じです。スタッフにとって当たり前のことでもお客さまにとってそうでない場合があるので、言葉で丁寧に伝える必要があるのです。

　日本文化は世界で一番の高コンテクストと言われており、「阿吽の呼吸」「以心伝心」「一を聞いて十を知る」などという言葉があるように、日本人は相手の気持ちを察することが得意と言われています（グローバル人材キャリア支援協会 2017）。したがって、低コンテクスト文化から来た外国人客に対しては、言葉で明確に表さないと伝わりにくいので、気をつける必要があります。日本人に

とっての当たり前は、外国人のお客さまにとって当たり前でないということを意識する必要があります。同じ職場で働く外国人スタッフも同様です。

 エクササイズ ①

身の回りの人間関係において、どのような状況で誰と高コンテクスト・コミュニケーションスタイルを使って会話をしますか。具体的な相手を考えてみましょう。
〈ヒント〉家族、学校、アルバイト先の人などで考えてみましょう。

2 日本の「見えない文化」

 Warm up Q

皆さんは、「日本文化」と言えば、何を連想しますか。あなたが思いつく「文化」を10ぐらい書き出してみましょう。(書き出した後で) どうですか。どんな「文化」がありましたか。周りの人と話し合ってみましょう。

皆さんが連想した文化は、漫画、ゲーム、和食、J-ポップ、歌舞伎、茶道、満員電車、温泉などでしょうか。これらの文化は氷山に例えると見える部分ですね。これを「見える文化」と言います。それに対して「時間の感覚」や「対人距離」、「タッチング」、「価値観」、「コミュニケーションスタイル」などの隠れた部分を「見えない文化」と言います。これらは「文化の氷山モデル」と言い(図3-1)、表層文化、深層文化とも言います。表層部分には、見える部分の文化があり、観察可能です。深層部分には、文化の認識・行動・信念・態度・通念などの文化の側面があります(Eagle & Carter 1998: 101)。石井ほか (2021: 17) によれば、表層文化は、服装、料理、建物などで、深層文化は、相手の文化圏に行ってもすぐには理解できず、ある程度、長く滞在したり、現地の言葉を習得したりした段階で、「精神的、心理的、倫理的、道徳的な文化の側面」を理解できるようになります(石井ほか 2021)。異文化の差は、この「見えない文化」についても現れ、異文化コミュニケーションで学ぶ領域になります。

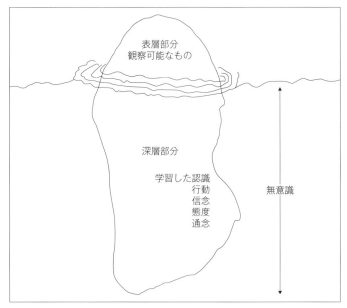

図3-1　文化の氷山モデル
出典：Eagle & Carter（1998：102）より引用、石井ほか（2021）を参考に筆者が翻訳。

　文化背景が異なるゲストに対して自分の価値観を押し付けることなく、対応することが大切です。こちらは、第1章のホスピタリティ・コミュニケーションのCan-Doリストの中の**異文化の理解と実践**（Can-Do ⑰）に関連するものと言えるでしょう。

（1）時間の概念
　異なる文化を背景に持つ人とのコミュニケーションにおいて見えない文化ですれ違うことは多々あります。羽鳥（2016）から外国人スタッフのいる空港での場面で考えてみましょう。外国人スタッフのEさんは、シフトを変わる時、いつも時間ギリギリにきて、日本人スタッフの山田さんはイラついてしまいます。この日本人スタッフはなんでも余裕を持って5分前には到着することが当たり前になっています。外国人スタッフのEさんは、ギリギリにきても時間通りにきているから問題ないと思っています。確かに日本人にとっては、「5分前行動」という言葉があるように決められた時間の少し前に到着しておくの

が常識だと考える人が多いでしょう。しかし、異文化の人たちは、必ずしもそう考えているわけではありません。つまり、当たり前の常識が異文化の人とは異なるということです。日本では時間厳守が重要で、時間にルーズな人は否定的に評価されることがあります。日本に訪れる外国人観光客は電車やバスが時間通りに来るので驚くということをよく耳にします。日本では時間通りに電車やバスが来るのは当たり前になっていますが、時間の感覚が異なる文化背景をもつ外国人にとっては、日本の時間の正確さに驚くというわけです。したがって、先の外国人スタッフが余裕を持って来ないというのも理解できますが、日本人スタッフがもう一歩、やらなければならないことは、このスタッフEさんとのコミュニケーションです。なぜ、早めに来なければならないのか、あるいは早くきてもらいたいのか、その理由とお願いを伝えることが必要なのでしょう。それが異文化間のコミュニケーションです。

　異文化の人とのコミュニケーションにおいては、当たり前の常識が通じないことが多々あります。そんな時、低コンテクスト・コミュニケーションスタイルを意識して話す必要があるでしょう（**異文化の理解と実践：Can-Do ⑰**）。

（2）パーソナルスペースとお辞儀

　パーソナルスペースとは、「知らない人に近づかれて不快に感じる距離感」（林ほか 2020：141）のことです。距離感は、性別、年齢、国、家族、友達などの人間関係の深さによっても大きく異なります。接客業においてお客さまと接する距離感は異文化で異なるので把握するのが難しいです。お客さまが不快に思わない距離をとることにしましょう。日本人のお客さまには、目安として、お互い、お辞儀ができるぐらいのスペースが心地よいでしょう。

　また、位置関係も大切で、お客さまに接するときの位置は正面が基本ですが、「話が長くなったりした時は、少し斜めの位置に来るとリラックスして話せる」でしょう（林ほか 2020：141）。また、真後ろの位置は「恐怖の空間」と言って不安を与える位置なので、後ろから話しかけないように注意しましょう（林ほか 2020）。外国人のお客さまにとっては、日本人との距離は少しよそよそしいと感じることがあります。常連のお客さまや長く宿泊するお客さまとは、パーソナルスペースを少し縮めてもいいかもしれません。

　それから、タッチング（身体的接触）についての文化差です。日本人は親しい間柄でも手や肩ぐらいしかタッチングはないのですが、これも文化によって違

います。石井ほか（2021：155）によると日米の自己開示について研究しているバーランドは「自己開示を言語コミュニケーションのみならず、非言語コミュニケーションの現象としても調査」を行いました。その結果、アメリカ人と比べて日本人の身体的接触が限られているということがわかりました。つまり、欧米に比べて自己をあまり開示しない日本人は、身体的接触も限られているということです。したがって、文化圏の異なるお客さまに対して、それぞれの対応があり、外国人スタッフは、日本人客に対しては特に気をつけなければなりません。

お辞儀は日本にとって重要ですが、一部の文化ではお辞儀の習慣がない場合もあります。外国人スタッフにとって日本式のお辞儀について、いくつかの種類があることを理解しておく必要があるでしょう。お辞儀には分離礼と同時礼があります。分離礼とは、「あいさつの言葉を先に言ってから、その後にお辞儀をすること」で、同時礼とは「あいさつの言葉を言いながらお辞儀をすること」です（林ほか 2020：29）。また、お辞儀にも謝罪などは最敬礼（45度ぐらい）をし、すれ違った時や部屋に入る時などは会釈（5度ぐらい）をします（**身体表現**：Can-Do ③）。外国人のお客さまに対しても同じ行動をとるようにしましょう。

3　日本文化は「察しと遠慮」

「察しと遠慮」は日本文化の特徴であると言われていますが、それぞれ、例を挙げてみましょう。私たちはどのような時、相手を察して、どのような時、遠慮しますか。まずは、考えてみましょう。

（1）察しと遠慮

例えば、アメリカ人の友人の家を訪ねた際、奥さんに"Would you like something to drink?"と聞かれて"No, thank you."と遠慮のつもりで言ったのですが、飲み物は出てこなかったというエピソードは有名な話です。日本だったら、「お飲み物はいかがですか」と聞かれれば、「どうぞ、お構いなく」と言っても「何もございませんが、、、」と言ってお茶が出てくるというのは、容易に想像がつくでしょう。この「どうぞ、お構いなく」は、相手に「遠慮」して

42　第Ⅱ部　ホスピタリティ・コミュニケーションの実践

いると思われ、それを相手が「察して」お茶を出すというわけです (林 2018)。このようなやり取りは、相手との親しさにもよりますが、とりあえず「遠慮」しておいても相手は察してくれるだろうと期待しているのです。しかし、この察することは、第1章でも言及があったように外国人にとっては押し付けと感じられる理由ではないでしょうか。高コンテクスト文化の日本では、要望があってもまずは察してくれることを期待しますが、低コンテクスト文化の国では、要望があったら、まず自分の言葉ではっきり伝えますので、自分の要望ではないことをしてもらっても「おせっかい」と思ってしまう場合があるのです。では次に空港で働く新人外国人グランドスタッフの事例からみてみましょう。

（2）空港グランドスタッフの事例から

　出発の搭乗手続きをしている時、お客さまから突然、「今日、満席？」と言われました。その時、新人外国人グランドスタッフのKさんは、「はい、はあ」と言って、どう答えたらいいのか、わかりませんでした。このあと、先輩日本人スタッフに酷く怒られました。先輩が言うには、「確認」が必要だったと言うのです。お客さまは、満席かどうか、調べてくれることを期待していたのだそうです。お客さまは、席に余裕があるなら、自分の隣の席が空いているところに変更したいと言う要望があるのです。こんな時は、隣に席が空いている場合でも確約はできないと断りを入れておいてから、ご案内することができるそうです。Kさんは、お客さまは、別に調べて欲しいと言ったわけではないのに、「今日、満席？」の一言でここまで相手の気持ちを察することができるのかと先輩から学んだのです。この察しは、**観察と察し** (Can-Do ⑧) の具体例と言えるでしょう。このような例はホテルの場面でもあります。

（3）言いさし

　以下は、ホテルフロントスタッフとお客さまのやりとりです。

> 客：「すみません、先ほど、チェックアウトしたんですが、部屋にカメラを忘れたみたいで、、、」
> スタッフ：「では、すぐに確認いたします。」
>
> 林ほか（2020：94）

　お客さまが「カメラを忘れたみたいで、、、」と言っただけでスタッフはな

ぜ、「では、すぐ確認いたします」と言うことができ、お客さまに頼まれたとわかったのでしょうか。日本語母語話者あるいは日本語上級者だったら、すぐにこのお客さまは、部屋にカメラを忘れてきたのかとわかるはずです。「、、、」の部分には、どのような言葉が入ると思いますか。多分、日本人にきくと誰もが「見てきてもらえませんか」などと言う言葉を復元することができるでしょう。このように日本語は、言いたいことを言わなくても省略して相手に意図を伝えることが多々あります（林 2007）。この「、、、」の部分を「言いさし」と呼んでいますが、この言いさしは、日本語の特徴でもあり、新人外国人スタッフであれば、この「言いさし」の部分を復元できないかもしれません。つまり文脈から察することで相手の意図を理解するというわけです。

　日本人は時々、場の雰囲気が読めないと、その人に「空気読めよ」などと言って非難したりすることがあります。この原因は、察することができなかったり、相手の意図をうまく読み取れず、省略箇所を復元できなかったりするのではないでしょうか。また日本人のお客さまはこのように要望を曖昧にして、はっきり言わない場合があるのです。

エクササイズ ②

「言いさし」とは具体的にどんなことですか、誘われた際、断る時の例を考えてみましょう。

4　外国人ホテルスタッフのための異文化間コミュニケーション

Warm up Q

あなたがホテルに宿泊しているとき、近くで大きなイベントがあるらしいと聞いたのですが、インターネットで調べても調べ方が悪かったのか、日程が間違えているのか、詳しい情報がありません。宿泊には関係のないことと思いながら、ホテルスタッフに何気なく聞いてみることにしました。ホテルスタッフは、皆とても忙しそうにしているので、聞くのは申し訳ないと思いながら、聞いてみます。何と言ってホテルスタッフに聞きますか。考えてみましょう。

44　第Ⅱ部　ホスピタリティ・コミュニケーションの実践

（1）客からの曖昧な要望（依頼）の事例

　上記の例で、近くの大きなイベントについて、ホテルスタッフには「あのう、すみませんが、近くでイベントをやって（い）るらしいんだけど、、、」と言って「言いさし」にして、「、、、」の「調べてもらえませんか」や「どこでやっているか教えて頂けませんか」をはっきり言わないことが多いのではないでしょうか。ホテルスタッフによると、お客さまの中には、何か尋ねる時もはっきり聞いてこない人がいるそうです。先の例でも「今日は満席？」や「部屋にカメラを忘れてきたみたいで、、、」など曖昧に聞いてくるケースが少なくないのです。日本語学習者の日本語レベルにもよりますが、このはっきり言わない部分を復元して「調べてもらえませんか」と想像するのは、難しいようです。でも、ホテルに就職し、慣れてくるとこのような曖昧な依頼でも理解できるようになります。もし、お客さまの要望が曖昧であれば、「確認」をすればいいのです。例えば、イベントの例でも「お調べしましょうか」や「確認いたしましょうか」などと言って、お客さまの要望を確認した上で、お客さまのニーズを引き出し、お客さまにとって最適な提案をすることができるのです。こちらは、**ニーズの察知と提案**（Can-Do ⑨）に関連するものと言えるでしょう。

　では、接客業において、客の要望はどのように伝えられるのでしょうか。

（2）間接的依頼と直接的依頼の事例

　依頼行動には、直接的な依頼と間接的な依頼があります。直接的依頼とは、「〜ていただけませんか」、「〜てもらえませんか」、「〜てくださいませんか」、「〜ていただきたいんですけど」、「〜てもらいたいんですけど」などの表現を用いて依頼することです。間接的な依頼はどうでしょうか。次の2つの会話文で見てみましょう。

会話1　（教室で友人同士の会話）

Ａさん：「ねえ、消しゴムある？」
Ｂさん：「うん、はい。」（と言って消しゴムを渡す）
Ａさん：「あ、ありがと。」

会話2 （ホテルフロントでの会話）

お客さま：「すみません。インド料理が食べられるところってありますか。」
スタッフ：「歩いて行かれますか。」
お客さま：「はい。」
スタッフ：「ここから10分くらいのところにございますが、、、」
お客さま：「じゃあ、そこに行ってみようかな。」
スタッフ：「もしよろしければ、お席が空いているか確認いたしましょうか。」
お客さま：「じゃあ、お願いします。」

林ほか（2020：78）

　会話1も会話2もAさんとお客さまの要望が自然に伝えられています。こちらは典型的な間接依頼ですが、会話1のBさんも、会話2のスタッフもどちらも、依頼であることを理解しているので会話1では、消しゴムを借りることができますし、会話2では、インド料理が10分ぐらいのところにあると言う情報を得ることができました。近藤ほか（2012）は間接依頼を次の例で説明しています。「あそこの棚届く？」という発話は、棚の上の物をとって欲しい時に言います。直接、「とってもらえない」と言わなくても相手は理解することができるのです。会話1も会話2も言葉そのものは、「消しゴムある？」とか「インド料理が食べられるところってありますか」とあるかないかを聞いているようですが、聞き手は、これを依頼・要望と解釈することができるのです。接客業においても、客の要望ははっきりと伝えられない場合が多いです。特に日本語では間接的表現（あるいは婉曲表現）と呼ばれる表現で要望が伝えられることが多いのです。直接的な言い方を避けて、遠回しに言い表します。これは語用論のBrown & Levinson（1987）のネガティブ・ポライトネス（第4章 p. 60 を参照）に当たるもので曖昧表現などの1つです。お客さまの言葉に耳を傾けたり、お客さまの表情や様子をよくみて、お客さまが何を望んでいらっしゃるのか、しっかり把握することがホスピタリティ・コミュニケーションにつながるのです（観察と察し：Can-Do ⑧）。

（3）一歩進んだ応対

　先ほどの会話2では、お客さまが特に要望を伝えたわけではないのに、「よろしければ」と前置きをしておいてから、「お席が空いているか確認いたしましょうか」と相手の気持ちを察して提案しています。林ほか（2020）では、こ

れを「一歩進んだ応対」と呼んでいます。ホスピタリティ・コミュニケーションにおいては、この「一歩進んだ応対」が重要と考えます。お客さまのことを思いやる心から「一歩進んだ応対」ができるのです。また、「よろしければ」という前置き表現は、この提案を受け入れるかどうか、お客さまに選んでもらうことができることから、これも**観察と察し**（Can-Do⑧）の具体例と言えるでしょう。

 エクササイズ ③

1）間接的な依頼は、日常でたくさんあると思います。例を挙げて、周りの人と話し合ってみましょう。
2）あなたはホテルのドアマンです。お客さまが荷物をたくさん抱えてエレベーターからおりてきました。あなたは何と言って一歩進んだ応対をしますか。

5　おもてなしの日本語

 Warm up Q

接客の現場では、日本人が外国人ゲストに対応するのはもちろんですが、外国人スタッフが日本人のゲストに対応する場合もあります。このような異文化コミュニケーション環境において日本型の接客について学んでおく必要があるでしょう。日本型の接客と言えば、よく「おもてなし」という言葉で表すことができます。では、ここでA群にあげた要素を見てください。それらは具体的にどのような内容になるでしょうか。A群とB群を、つないでみましょう。

A群		B群
人間関係構築	a・	・①お客さまのことを考えて行動すること
心配り	b・	・②お客さまの心に寄りそい、共感すること
相手を思う心	c・	・③提案や代替案などで臨機応変に応対すること
迅速な応対	d・	・④お客さまと良好な関係を築くこと
寄りそう心	e・	・⑤早く正確に応対すること
柔軟な応対	f・	・⑥お客さまのことを思いやる心、察する心
誠実な心	g・	・⑦嘘をつかず、理解してもらうために誠実に対応すること

第 3 章　異文化コミュニケーションとおもてなしの日本語表現　　47

林ほか（2020：6）

答え：a⑦/b①/c⑥/d⑤/e②/f③/g④

（1）7つの「おもてなしの日本語」

　「おもてなしの日本語」は、少なくとも「人間関係構築」、「心配り」、「相手を思う心」、「迅速な応対」、「寄り添う心」、「柔軟な応対」、「誠実な心」の7つの要素で構成されています（林ほか 2020）。つまり、相手に対する気遣いの言葉づかいです。お客さまのご要望に応えられるよう相手の気持ちに寄り添い、「誠実な心」で接します。相手を思い、「心配り」をすることは金銭では表すことはできません。そしてお客さまに喜んでもらえるよう、柔軟に応対することが求められます。しかし、これらの7つは実際にお客さまと接するときにどのように言語化して伝えるのでしょうか。以下、いくつか具体例をあげながら、みてみましょう。

（2）それぞれの日本語表現

　まず、お客さまとの「人間関係構築」のための言語行動から見てみましょう。まずは、お客さまを迎えるときの「いらっしゃいませ」や「おはようございます」などの挨拶です。また、すれ違った時の会釈など、常に笑顔で応対することが大切です。このような基本的な挨拶と表情はお客さまとの人間関係を構築する上でとても大切な言語行動です。人間関係、つまり、お客さまとの信頼関係を築く上で基本的な挨拶やお辞儀や表情などのマナーが大切です（林ほか 2020）。

　では、次に「相手を思う心」（林ほか 2020）について具体例をあげてみましょう。ホテルの接客コミュニケーションにおいて、もし、お客さまからおすすめのレストランはないかと聞かれたときは、どうしますか。あなたが一番、いいと思うレストランを勧めますか。しかし、それは、あなたにとっていいレストランであって、お客さまにとっていいレストランとは限りませんね。このような要望があったときは、まず、「確認」が必要です（林ほか 2020）。何が食べたいか、何人で行くのか、嫌いな食べ物はないか、アレルギーなどはないか、などの確認をすることで、お客さまにとって最適なレストランを紹介することができるのです。また、お客さまにレストランをご紹介したあと、「もし、よろ

しければ」というクッション言葉を添えて、「お席が空いているか確認いたしましょうか」や「タクシーをお呼びしましょうか」などと提案します。お客さまがはっきりと要望を言わない場合でも、ホテルスタッフがお客さまの気持ちを察して、一歩先の応対をするのです（林ほか 2022）。このような「一歩進んだ応対」も「相手を思う心」の1つです。また、林（2024：41）では、クッション言葉を「後にくる言葉を和らげる効果を持ち、丁寧さが加わる表現」と定義しています。したがって、このようなクッション言葉の使用は、接客場面において重要と考えます。「あいにく」の他、「恐れ入りますが」などがあります。

　次に「柔軟な応対」（林ほか 2020）についてどのような接客コミュニケーションがあるのか、具体例から見てみましょう。ホテルスタッフの話によると、お客さまがチェックインしたあと、部屋を変更したいという要望が入ることがあるそうです。確認後、部屋は満室でお客さまにお断りをしなければならない時があります。そんなときは、要望に応えられなかったことについて、まず「申し訳ございません」と謝罪をしたあと、「あいにく」とクッション言葉を言ってから、「ダブルルームは満室でございます」と言います（林 2019；林 2024）。

　曖昧な断り方は、かえって誤解を生むので、はっきり伝えましょう。そしてその代わりに何ができるかの代替案を伝えるのです。このとき、2つ以上の代案を言うと良いでしょう。このようにお客さまの要望に応えられなくても、柔軟に応対することで、お客さまの満足感が得られるでしょう。

　そして、お客さまの苦情やクレーム、そしてご意見などに対しては、話に耳を傾けなければなりません。それが「寄り添う心」です。お客さまの不満そうな表情に気づいたら「何かございましたか」と言ってお客さまの話を聞くことが大切です。お客さまの意見やクレームに対して、まずは「そうでしたか」、「さようでございましたか」などと共感することが大切です。接客業においてお客さまの言い分をまずは「傾聴」し、何を求めているのか、しっかり把握することが大切です。話を「傾聴」する際は、相手を否定せず、まず、「さようでございましたか」と相手の心に寄り添うことが重要です。そして、お客さまに不快な思いをさせてしまったことに謝罪をします。この「傾聴」は**クレーム対応**（Can-Do ⑮）の要素の1つです。

　謝罪は「誠実な心」で応対します。日本語の謝罪には色々な意味の機能があります。日常でよく使われる「すみません」という言葉は、謝罪だけではなく、感謝を伝える時、そして声がけの時など様々な機能があります。そしてたとえ

自分に非がなかったとしても、相手に迷惑をかけてしまったことや不快な思い
をさせてしまったことに対しても謝ります（林ほか 2020）。お客さまが、正しく
ないと思うときでも、迷惑をかけてしまったのでしたら、そのことについて、
「ご迷惑をおかけし、大変、申し訳ございませんでした」と謝罪をしなければ
ならないでしょう（林ほか 2020；林 2021；羽鳥 2016）。それは、自分に非がな
ければ謝らないことをよしとする言語文化とは異なる点ですので、外国人スタッ
フが「自分は悪くないのになぜ、自分は謝らなければならないの。」と困惑し
てしまうのも無理はないでしょう（林 2021）。また、日本人が外国人に対して
日本語の「すみません」を単に直訳して "I am sorry." と言ってしまって、"What
are you sorry for?" と言われてしまった経験もあるかもしれません。この謝
罪は、異文化コミュニケーション場面において珍しいことではありません。こ
こでは日本語表現の例を見てきましたが、言語は文化の影響を受けているため、
注意を払う必要があります。日本語だけでなく、どの言語でも文化と言語は密
接に関係し合っているというわけです。

6　多様化する客のニーズ

😊 Warm up Q ------------------------------

ホテルやレストランで働く上で、特に気をつけなければならないことは、どんな
ことでしょうか。考えてみましょう。宗教的背景による食事対応のほかにもあり
ます。考えてみましょう。

　外国人観光客の急増は周知の通りですが、お客さまも世界各国から訪れるよ
うになりました。総務省（2017）では、食事への配慮、礼拝への配慮、旅行者
等への配慮など、宗教上の戒律や生活習慣についてまとめています。各国には
独自の風習や習慣、文化がありますので、尊重して気配りのある対応をしなけ
ればなりません。そこで、食のタブー、風習の違いなど、国や宗教によって異
なりますのでいくつか例をあげてみましょう（グローバル人材キャリア支援協会
2017：159–160）。
　イスラム教は、世界の人口の4分の1を占めています。アラブ諸国やインド、
パキンスタンだけではなく、インドネシア、マレーシア、シンガポールなどの

50　第Ⅱ部　ホスピタリティ・コミュニケーションの実践

表3-1　宗教的背景による食事対応

宗　教	食すことができない食べ物
イスラム教徒	豚肉・酒類、適切に処理されていない肉など ハラール（許されている食事）：野菜、果物、魚、卵、牛乳
ヒンズー教徒	牛肉や豚肉
ユダヤ教徒	祈りを捧げていない食品 ＊コーシャ（神の教えに従った食べ物）は可能
モルモン教徒	酒類、コーラ、コーヒ

出典：グローバル人材キャリア支援協会（2017：159-160）を参考に作成。

　東南アジアの国々では、イスラム教の比率が多いのです[1]。豚、犬、死んだ動物の肉などやイスラム式に育てられなかった肉は禁止されていて、ハラール（神に許された）料理を食べます。一方、禁じられている食べ物をハラムと呼びます[2]。インドをはじめ、ネパールやスリランカなどで信仰されているヒンズー教では、牛肉は神聖なものと考えられており、食べることができません。豚肉、魚介類、卵、動物性の脂や出汁にも注意が必要で、食べられるのは、鶏肉と羊肉、ヤギ肉などです[3]。

　宗教以外には、アレルギーがあるお客さまやベジタリアンのお客さまがいらっしゃるかもしれませんので、「召し上がれない食材などありますか。"Is there anything you can't eat?"」や、「アレルギーなどございますか。"Are you allergic to anything?"」などと尋ねることが大切です。ホテルなどでは、このような情報は、スタッフ間で情報共有することも大切ですので、覚えておくといいでしょう。

　食事以外でも高齢者や身体障害者などへの対応にも気をつけなければなりません。不自由なことが事前にわかっていれば、どのように対応すればお客さまに喜んでいただけるか考えておくことが肝要です。「多様化のニーズ」は、異文化の知識（Can-do ⑯）の具体例と言えるでしょう。

👆 第3章のポイント

▶コミュニケーションスタイルは、相手が誰かによって異なる。
▶「察しと遠慮」の日本文化を理解し、接客場面に活用する。
▶ホスピタリティ・コミュニケーションには、曖昧な要望を察することや「一歩

進んだ応対」を含む「おもてなしの日本語表現」がある。

▶客のニーズは多様化している。

注
1）一般社団法人ハラル・ジャパン協会〈https://jhba.jp/halal/〉2024年9月2日閲覧。
2）同上。
3）東京都産業労働局観光部受入環境課（2018）「訪都外国人旅行者インバウンド対応ガ
　　イドブック」、〈https://www.sangyo-rodo.metro.tokyo.lg.jp/tourism/a0e5cebb9b0fe43
　　27ea1e85ca887a680_1.pdf〉2024年9月2日閲覧。

参考文献
石井敏（2005）「対人関係と異文化コミュニケーション」古田暁監修『異文化コミュニケー
　　ション新・国際人への条件（改訂版）』有斐閣。
石井敏・久米昭元・長谷川典子・桜木俊行・石黒武人（2021）『はじめて学ぶ異文化コミュ
　　ニケーション多文化共生と平和構築に向けて』有斐閣選書。
グローバル人材キャリア支援協会（2017）『G検グローバル人材ビジネス実務検定接遇編
　　──日本の企業で働くために──公式テキスト』ナイスク。
近藤安月子・小森和子（2012）『研究社　日本語教育事典』研究社。
総務省（2017）「宗教的配慮を要する外国人の受入環境整備等に関する調査──ムスリム
　　を中心として──の結果」〈https://www.soumu.go.jp/main_content/000521418.pdf〉
　　2024年9月2日閲覧。
羽鳥美有紀（2016）「日本のサービス業に従事する外国人社員と日本人社員に生じるズレ
　　と根本的原因──外国人社員と日本人社員のインタビュー調査から──」『文明の科
　　学』13、21-43。
林千賀（2007）「非言語的分脈の解釈プロセス──関連性埋論の観点から──」『城西国際
　　大学留学生別科紀要』2、41-54。
林千賀（2018）「『察する』とは何か、その発話解釈のメカニズムを探る──関連性理論か
　　らの試み──」『城西国際大学紀要』26（2）、1-22。
林千賀（2019）「接遇ビジネスにおける『客の要望に添えない場合のスタッフの断り談話
　　とその応対』──意味公式の観点から──」『城西国際大学紀要』27（2）、1-28。
林千賀（2021）「接客場面の『申し訳ございません』の使用実態──クレーム談話の「謝
　　罪」に着目して──」『城西国際大学紀要』29（2）、77-102。
林千賀（2024）「客の依頼に対するホテルスタッフの断り談話の分析──断り行動と接遇
　　応対の意味公式に注目して──」『城西国際大学紀要』32（2）、23-44。
林千賀・羽鳥美有紀・齋藤貢（2020）『おもてなしの日本語　心で伝える接遇コミュニケー
　　ション　基本編』アスク出版。
ホール，E. T.（1993）『文化を超えて』岩田慶治・谷泰訳、TBSブリタニカ。
山岡政紀・槙原功・小野正樹（2018）『新版　日本語語用論入門──コミュニケーション
　　理論から見た日本語──』明治書院。

Brown, P. & Levinson. S.（1987）*Politeness : Some universals in language Usage*, Cambridge University Press.

Eagle, S. & Carter, J.（1998）*Iceberg and islands : Metaphors and models in intercultural communication.*『異文化コミュニケーション研究』10、97-118。

おすすめの本

◆林千賀・羽鳥美有紀・齋藤貢（2020）『おもてなしの日本語　心で伝える接遇コミュニケーション　基本編』アスク出版。

◆石井敏・久米昭元・長谷川典子・桜木俊行・石黒武人（2021）『はじめて学ぶ異文化コミュニケーション──多文化共生と平和構築に向けて──』有斐閣（有斐閣選書）。

（林千賀）

第4章
気配りや配慮を英語で伝える仕組み

 この章で学ぶこと

接客時の気配りや配慮を英語で伝える仕組みを学びます。接客は単に商品やサービスを提供するだけでなく、ゲストに心地よい体験を提供して満足してもらうことを目的としているため、「ことば」が重要な役割を果たします。「英語が話せる」と「英語で接客ができる」は同じではありません。接客英語では具体的にどのような語彙や文法を用いるのか、それらがどのように気配りや配慮につながるのか、日本語とも比較しながら考えていきます。

1　接客英語とは何か

 Warm up Q

皆さんは「接客英語」と聞いたら、どんな英語を思い浮かべますか。例えば、"Welcome to [store/restaurant/hotel name]."あるいは "How can I help you?" でしょうか。もし、皆さんがホテルや飲食店で外国人のゲストに英語で対応するとしたら、どのようなことを心がけ、どのように英語で話すでしょうか。

接客英語（English for hospitality）とは、サービス業やホスピタリティ業界において、ゲストとのコミュニケーションを円滑に行うために使用する英語のことです。接客英語は、観光業、宿泊業、飲食業、小売業など、多様なサービス提供の場面で使用されます。

英語が話せる人なら、だれでもすぐに英語で接客ができるわけではありません。もちろん、片言の英語であっても最低限のやり取りができれば、商品やサービスの提供はできるかもしれません。ただし、それがゲストにとって心地よい体験になるかどうかは別問題だと言えるでしょう。

では、英語が話せる人なら、だれでもすぐに英語で接客ができるわけではな

54　第Ⅱ部　ホスピタリティ・コミュニケーションの実践

いのは、なぜでしょうか。それは、接客英語には、単なる英会話スキル以上の
コミュニケーション能力が求められるからです。接客の現場で英語を用いてプ
ロとして対応するには、一般的なコミュニケーション力とは異なる様々な能力
が要求されます。次の（1）～（4）を一つ一つ見ていきましょう。

（1）専門的な言語スキル

　接客英語には特有のフレーズや表現が含まれます。一般的な英語力が高くて
も、接客の現場で頻繁に使われる専門的な表現や業界特有の用語を知らなけれ
ば、適切な対応ができません。例えば、日常英会話であれば"Hi, how's it going?"
（こんにちは／やあ、調子はどう？）のような表現をよく耳にするかもしれませんが、
このような挨拶表現は接客では通常使われません。接客英語では挨拶は例えば
"Good afternoon, how may I assist you today?"のように表現されます。日本
語に直訳するとやや不自然に響きますが、「こんにちは、本日はどのようにお
手伝いできますか？」といった意味になります。

　また、相手が何か困っている場合に、日常会話であれば"What's wrong?"
（どうしたの？）と聞けばいいですが、接客英語では"Is there anything I can as-
sist you with?"（何かお手伝いできることはありますか？）などと表現します。

　さらに、英語での接客では使うべき表現であっても、日本語での接客では慣
習的に使われない表現もあります。例えば、日本語の接客では「お食事をお楽
しみください」とは言いませんが、接客英語ではゲストに食事を楽しんでほし
いという意味で、"Enjoy your meal!"が多くの英語圏で標準的な挨拶として
用いられます。日本語では、「失礼いたします」や「どうぞごゆっくり」といっ
た控えめな言い方が好まれます。これは次に紹介する異文化理解にも関係しま
す。

（2）異文化理解

　英語での接客には異文化に対応する感受性が求められます。ゲストが異なる
文化背景を持つ場合には、その文化や習慣を尊重しながら対応することが必要
になるからです。英語が話せても、相手の文化的な期待や習慣を理解していな
いと、誤解や不快感を招いてしまうかもしれません。例えば、挨拶の仕方や、
パーソナルスペースの取り方など、国や地域によって異なる文化背景を理解し
ておくことは、重要な接客スキルの一部だと言えるでしょう。

この異文化理解の問題については、第1章のホスピタリティ・コミュニケーションの Can-Do リストの中の**異文化の知識**（Can-Do ⑯）、**異文化の理解と実践**（Can-Do ⑰）と関連づけながら考えてみてください。加えて、上で述べた「英語での接客には異文化に対応する感受性が求められる」ということの意味を、第3章で説明されている異文化コミュニケーション・リテラシーの観点からじっくり考えてみましょう。

（3）問題解決能力

接客は、迅速な問題解決能力が要求される仕事です。接客の現場では、ゲストからのクレーム、あるいは、ゲストに関わる緊急事態が発生することがあります。そういった問題に、速やかに適切に対応するためには、高いコミュニケーション能力と同時に冷静さや共感力が求められます。どんなに英語が流暢であっても、ゲストの不満や問題に対して適切に共感し、効果的な解決策を提案できなければ、満足度の高いサービスを提供することはできません。"I'm sorry for the inconvenience. Let me see how I can help you." などのフレーズを使いながら、ゲストの立場に立った対応が求められます。

この問題解決能力の問題については、**観察と察し**（Can-Do ⑧）、**ニーズの察知と提案**（Can-Do ⑨）及び、**要望への対応**（Can-Do ⑭）、**クレーム対応**（Can-Do ⑮）と関連づけながら、接客英語で求められるコミュニケーション力の観点から考えてみてください。

（4）プロ意識

接客のプロとしての意識も重要です。丁寧で礼儀正しい態度、迅速で効率的なサービス、そして一貫したサービスの質を維持することが求められます。これは単なる言葉遣い以上のものであり、行動や態度、身だしなみにも表れるものです。どんなに英語が流暢であっても、接客のプロとしての態度を欠いていると、ゲストに満足してもらうことは難しいでしょう。

このプロ意識の問題については、**自己制御**（Can-Do ②）及び、**身体表現**（Can-Do ③）と関連づけながら「プロとして英語で接客すること」についてイメージを膨らませてみてください。

このように、英語が話せるだけでは、接客の現場で必要とされる様々なスキ

ルや知識を補うことはできません。したがって、接客英語は、専門的な言語スキル、異文化理解、問題解決能力、プロ意識などを含む複合的能力だと言えるでしょう。

2　政府の取り組みの中で求められている接客英語とは

皆さんは、「高付加価値旅行」あるいは「高付加価値旅行者」という言葉を聞いたことがありますか。「付加価値が高い旅行」とはいったいどのようなものでしょう？　旅行における付加価値とはどのようなことだと思いますか。いっしょに考えていきましょう。

観光庁によると、「高付加価値旅行者は、単に一旅行当たりの消費額が大きいのみならず、一般的に知的好奇心や探究心が強く、旅行による様々な体験を通じて地域の伝統・文化、自然等に触れることで、自身の知識を深め、インスピレーションを得られることを重視する傾向にある」とされています（観光庁 2022）。実際のところ、「訪日旅行での高付加価値旅行者の誘致促進」は、政府が継続的に掲げているインバウンド方針であり、以下のように説明されています（観光庁 2024）。

日本においては、いわゆる富裕層ともいうべき高付加価値旅行者は、訪日旅行者全体の約1％に過ぎませんが、消費額は約14.0％を占めています。しかしながら、大都市圏への訪問が多数を占め、地方を訪れる旅行者は極めて少ないことが問題視されています。

今後、多様な客層を獲得する観点からも、今まで取り込めていない、高付加価値旅行者への働きかけを強め、消費額増加への取り組み強化、地方への誘客促進を重視していくことが必要だと予測されています。

高付加価値旅行者の誘致による経済効果は極めて高く、旺盛な旅行消費を通じて、地域の観光産業のみならず、多様な産業にも経済効果が波及し、地域経済の活性化につながると期待されています。また、高付加価値旅行者による旺盛な知的好奇心を満たす自然体験・文化消費を通じ、地域の自然、文化、産業等の維持・発展に貢献することに加え、地域の雇用の確保・所得の増加や域内

の流通が図られ、持続可能な地域の実現や地域活性化に寄与することから、今後のインバウンド戦略において高付加価値旅行者の誘致は重要な柱であると考えられています。

このような旅行者を誘致するには、その地域ならではの特色をストーリー性のある魅力的なコンテンツとして伝えることができる人材の整備が必要であり、この人材の整備には、接客英語ができる人たちが多く必要となるでしょう。

高付加価値旅行者は、一旅行当たりの消費額が大きいことから、富裕旅行者と呼ばれることもあります。富裕旅行者の訪日促進に向けて取り組むべき課題として以前から検討されているのは、宿泊施設の人材確保、富裕旅行業界のプロ人材の育成、富裕旅行者向けガイドの育成といった問題です（観光庁 2021）。このような高付加価値旅行を支える人材の育成には、実は「ことばの教育」が不可欠です。日本では、接客英語が適切に使える人材の育成が喫緊の課題だといっても過言ではないでしょう。次節では専門英語教育の観点から接客英語について考えていきます。

 エクササイズ ①

以上を踏まえると、宿泊施設の人材確保、富裕旅行業界のプロ人材の育成、富裕旅行者向けガイドの育成といった政府の取り組みの中で求められている接客英語とは、実際に、どのような言語能力だと思いますか。「英語を用いて〇〇ができる能力」の下線部に入る内容をいくつか考えてみましょう。

3 専門英語としての接客英語——ビジネス英語との違い

 Warm up Q

英語を専門的に使う仕事と聞いたら、皆さんはどのような職業を思い浮かべますか。接客英語は、観光業、飲食業、ホテル業などのサービス業で使用される英語のことですが、それ以外のビジネスで使われる英語と、どのように違うと思いますか。いくつか考えてみましょう。

接客英語とビジネス英語は、いずれも専門英語（ESP: English for Specific Purposes—特定の目的のための英語）の一分野であり、それぞれ異なる目的と場面で使用されます。どちらの分野でもコミュニケーションスキルの向上を目指しますが、その内容と重点は大きく異なります。ここでは、接客英語とビジネス英語の違いを概観したのち、専門英語教育の観点から接客英語について考えます。

接客英語は、観光業、飲食業、ホテル業などのサービス業で使用される英語です。その主な目的は、ゲストと円滑にコミュニケーションを図り、優れたサービスを提供することです。一方、ビジネス英語は、企業や職場でのビジネス活動において使用される英語です。主に会議、プレゼンテーション、電子メールのやり取り、ビジネス交渉など、企業内外のビジネスコミュニケーションを行います。したがって、専門英語教育として力を入れる点が異なります。接客英語では実践的な会話練習やロールプレイが多く取り入れられる一方、ビジネス英語では文書作成やプレゼンテーションの練習が重視されます。以上のポイントをまとめたものが**表4-1**です。

接客のための英語教育は、観光業、ホスピタリティ産業、サービス業などで働く人々にとって非常に重要であると同時に、高い専門性が求められる領域です。**接客英語では、ことばを使うこと自体がサービスの一部になります。**これは、言語そのものがゲストとのコミュニケーションや関係構築において重要な役割を果たすことを意味します。

ホテルなどの接客場面で使われる言葉は、ホスピタリティ・ランゲージ（hospitality language）と呼ばれることがあります（Blue & Harun 2003）。ホスピタリ

表4-1　接客英語とビジネス英語の違い

専門英語 English for Specific Purposes	
接客英語	ビジネス英語
観光業、飲食業、ホテル業などのサービス業で使用される	企業や職場でのビジネス活動において使用される
【主な目的】ゲストと円滑にコミュニケーションを図り、優れたサービスを提供する	【主な目的】企業内外のビジネスコミュニケーション（会議、プレゼン、メール、交渉など）を行う
【必要な訓練】実践的な会話練習やロールプレイ	【必要な訓練】文書作成やプレゼンテーションの練習

ティ・ランゲージとしての接客英語は、適切な訓練と経験を経て初めて習得される専門性と特殊性の高い技能です。

本章第1節で、接客は問題解決能力が要求される仕事であると説明しましたが、クレームや問題が発生した際、適切な言葉を使って迅速に対応することで、ゲストの不満を最小限に抑えることができます。クレーム対応では、クレームの原因それ自体に具体的に対処できたとしても、そこに"I'm very sorry for the inconvenience. Let me see how I can resolve this for you immediately." といった言葉が添えられなければ、ゲストに対して誠意が伝わりません。これが、上でも述べた「接客英語では、ことばを使うこと自体がサービスの一部になる」ということなのです。日本語であれば、「ご不便をおかけして大変申し訳ありません。すぐに解決できるようにいたしますので、少々お待ちくださいませ」といった接客表現に相当するでしょう。

この「ことばを使うこと自体がサービスの一部になる」という接客英語の機能については、**ホスピタリティの実践** (Can-Do ⑫) と関連づけながら考えていくと、より理解が深まると思います。

専門英語としての接客英語では、気遣いや配慮をことば化することが必須要素であるとも言えます。次節では、気遣いや配慮がことば化される仕組みにして詳しく見ていきましょう。

4 気遣い・配慮のことば化

Warm up Q

皆さんは普段日本語で話しているとき、言葉遣いに関してどのようなことに気をつけていますか。それは、英語で話す場合も、同じように気をつけることができるでしょうか。日本語と英語を比べ、気遣いや配慮をことばで表す場合の違いや共通点をいくつか考えてみましょう。

ゲストの満足度や感動は、ゲストの期待にどれだけ応えられたかの評価で判断され、ゲストの期待以上であることが顧客満足度を高めます (コトラー 2003)。無形の体験としてのサービスの質を向上させる上で、マニュアル化された接客表現の枠を超えたところで「ことば」を用いてゲストをいかに感動させるかは、

極めて重要な問題であると言えます。

　言語による敬意の表し方と言えば、日本語ではいわゆる敬語(尊敬語・謙譲語・丁寧語) の使用が特徴的ですが、この日本語の「敬語」に相当する仕組みをそのまま英語の中に探そうとしてもほとんど見つからないでしょう。しかし、それは英語が敬意表現に乏しいということでは決してなく、英語にも実は「敬意表現」が豊富に存在します。

　英語で接客ができるホスピタリティ人材を目指すには、どのような点を意識して接客英語を学んでいけばいいのでしょうか。また、接客英語としてゲストに対する気遣いや配慮が「ことば化」される仕組みをどのように可視化して理解することができるでしょうか。

（1）接客場面における2つのポライトネス

　本節では、ユニバーサル (普遍的) な視点から、より質の高いサービスの創出に必要な接客英語の仕組みを紹介するために、ポライトネス理論 (Brown & Levinson 1987) を援用しながら説明します。同時に、ユニバーサルな視点には、われわれの母語である日本語の仕組みを「知る」ことも欠かせません。

　社会生活の中で言語を媒介として人と人の間に適切な距離が保たれることは、人がフェイス (face/ 面子) を保持していることを前提とした Brown & Levinson (1987) のポライトネス理論によって説明されています。

　自分のイメージをよく見せたい、人から認められたいという相手の欲求(positive face) に対して、話し手が相手を褒めたり、親しみを表したりすることによって積極的に満足させることがポジティブ・ポライトネス (positive politeness) です。このポジティブ・ポライトネスを接客場面で捉えると、ゲストとして丁重に遇されたいというゲストの欲求 (positive face) に対して、スタッフが適切な態度や言葉づかいで接客することによって積極的に満足させることが、接客場面でのポジティブ・ポライトネスになると思います。

　一方、自分の領域を侵されたくない、行動の自由を阻まれたくないという相手の欲求 (negative face) に対して、話し手が相手の自由を尊重して、そのような行為を避けよう、でしゃばらないでおこうとする消極的行為によって満足させることがネガティブ・ポライトネス (negative politeness) です。ここで決して勘違いしてほしくないのは、「ネガティブ」という表現が否定的な悪いイメージで使われているのではないということです。このネガティブ・ポライトネス

第 4 章　気配りや配慮を英語で伝える仕組み　61

を接客場面で捉えると、ゲストとしての領域を侵されたくない、ゲストとしての行動の自由を阻まれたくないというゲストの欲求（negative face）に対して、態度や言葉づかいの上で、そのような行為を避けよう、でしゃばらないでおこうとする消極的行為によって満足させることが接客場面でのネガティブ・ポライトネスになります。

　以上を踏まえて、「積極的に相手（ゲスト）を満足させる言語要素」と「消極的に相手（ゲスト）を満足させる言語要素」に分けて具体例を見ていきましょう。

（2）接客には使わない表現 vs. 接客に使える表現

　まず、（1）の例を見てください。これらは、sir, madam, Mr. 〜, Ms. 〜などをつけても、接客には使わない表現だと言われています（田中 2000：12）。

(1) a.　Contact the front desk.
　　b.　Contact the front desk, will you?
　　c.　Will you contact the front desk?
　　d.　Contact the front desk, please.
　　e.　Will you please contact the front desk?

 エクササイズ ②

続きを読む前に、どうして（1）の表現は接客に用いるのにふさわしくないのか、考えてみましょう。
〈ヒント〉will と please がどのように響くのか、考えてみてください。

　では、（1）の例文を、次の（2）の例文と比べてみてください。ゲストに対して使うとしたら、（2）のような表現になるだろうと出されている例です（田中 2000：13）。

(2) a.　Would [Could] you contact the front desk?
　　b.　Would [Could] you please contact the front desk?
　　c.　Would you mind contacting the front desk, please?
　　d.　Could you possibly contact the front desk, please?
　　e.　Could you possibly be kind as to contact the front desk, please?

62　第Ⅱ部　ホスピタリティ・コミュニケーションの実践

　皆さんは、これまでに受けた英語教育（中学や高校、大学での英語の授業ほか）
で、英語の丁寧表現、英語での気遣いの表現方法などを学習したことがありま
したか。筆者が実施した調査では、少しでも「学習した」という認識をもって
いる学生は半数以下という結果が出ました。

　その調査で、少しでも「学習した」という認識をもっていた学生に対して、
具体的にどのようなこと（表現や表現方法）を学習したか教えてもらったところ、
"Could you ~? / Would you ~? / Can you ~? / Can I ~? / Excuse me? /
Please" などの表現を学習したという回答がありました。また、please につい
ては、「あたりの強い表現である」と習ったという声もありました。皆さんは
いかがでしょうか。

　上の（1）と（2）を比べた場合、最初に見えてくる違いは、（1 b, c, e）で
は will が使われているのに対して、（2）ではすべての表現のなかに would/
could が用いられていることではないでしょうか。皆さんの中には would/could
は will/can の過去形だと習った人も多いと思います。では、過去形を用いる
となぜ丁寧に響くのでしょうか。それは、物事を「仮の話」として提示してい
るからです。

（3）日本語に置き換えて考えてみよう

　日本語の例で考えてみましょう。例えば、友達に授業のノートを見せてほし
い場合に、「ノート見せて」というより「ノート見せてもらってもいい？」と
いうほうが丁寧に響きますよね。これは、前者が、相手がノートを見せてくれ
ることを当然のこととしてお願いしているのに対し、後者は相手がノートを見
せてくれることを「仮の話」としてお願いしているからです。

　本節の前半で紹介したポライトネス理論を使って説明すると、「ノート見せ
て」より「ノート見せてもらってもいい？」のほうが、ネガティブ・ポライト
ネスの実現度が高いと考えられます。

　ネガティブ・ポライトネスとは、自分の領域を侵されたくない、行動の自由
を阻まれたくないという相手の欲求（negative face）に対して、話し手が相手の
自由を尊重して、そのような行為を避けよう、でしゃばらないでおこうとする
消極的行為によって満足させることでしたね。

　ノートを見せてもらうくらいで、大げさだと思う人もいるかもしれませんが、
これは、ものの言い方、感じのいい伝え方のメカニズムを知るための例だと思っ

てください。

　相手が親しい友人であれば、実際は「ノート見せて」で十分でしょう。しかし、何かの理由で少し気を遣ってお願いしたいと思う場合は、無意識に「ノート見せてもらってもいい？」のような言い方を選びます。なぜでしょうか。それは、自分のノートを貸す、貸さないという行動の自由を阻まれたくないという相手の欲求（negative face）に対して、ことばの上で、話し手が「ノート見せてもらってもいい？」といった表現を用いることで、相手の自由を尊重していることになるからです。

　（2）ではすべての表現のなかに would/could が用いられています。（2）のどの表現を使っても、伝えたい内容は非常にシンプルで「フロントデスクに連絡してください」と言うだけです。英語で最低限（1a）のように "Contact the front desk." と言うだけでも内容は伝わります。一方、さきほどの「ノート見せて」でなく「ノート見せてもらってもいい？」と表現することで実現されたネガティブ・ポライトネスが、（2）で would/could が用いられることでも実現されるのです。

（4）接客場面における2つのポライトネスの確認と復習

　繰り返しになりますが、ネガティブ・ポライトネスを接客場面で捉えると、ゲストとしての領域を侵されたくない、ゲストとしての行動の自由を阻まれたくないというゲストの欲求（negative face）に対して、態度や言葉づかいの上で、そのような行為を避けよう、でしゃばらないでおこうとする消極的行為によって満足させることが接客場面でのネガティブ・ポライトネスになります。

　それは、フロントデスクに連絡をする、しないという行動の自由を阻まれたくないという相手（ゲスト）の欲求（negative face）に対して、ことばの上で、話し手（スタッフ）が、（2a）"Would [Could] you contact the front desk?" のように仮の話として伝える表現を用いることで、相手（ゲスト）の自由を尊重していることになるからです。

　（1）では、"Contact the front desk, will you?"、"Will you contact the front desk?"、"Will you please contact the front desk?" のように would でなく will が用いられています。この will は実現可能性の高いニュアンスを表す表現であるため、フロントデスクに連絡をする、しないという行動の自由を阻まれたくないという相手（ゲスト）の欲求（negative face）に対して、ことばの上で、話

64 第Ⅱ部 ホスピタリティ・コミュニケーションの実践

し手（スタッフ）が、will を用いて伝えてしまうと、ゲストの行動の自由を will という表現で阻むことになります。

　また、please という表現は、（1）でも（2）でも登場しますが、もし、皆さんの中で、please は丁寧さを表す表現だと理解している人がいたら、少し注意が必要です。上で述べた、英語の丁寧表現、英語での気遣いの表現方法などを学習したことがあるかどうかの調査で、please という表現について「あたりの強い表現である」と習ったという声がありました。実は、この「あたりの強さ」は、please のニュアンスを理解する上でとても重要です。Please という表現は、（2）のように would/could と共に用いられると丁寧な念押しのように響きますが、（1 d, e）のように直接的な指示・依頼表現の中で用いられると、かなり押しの強い響きになります。押しの強さ、あたりの強さは、ネガティブ・ポライトネスを実現させる上で真逆となる要素ですから、その意味でも接客英語での please の使用には注意が必要です。

　ここで、接客場面でのポジティブ・ポライトネスについても、少し説明しておきたいと思います。接客英語では、sir, madam, Mr. 〜, Ms. 〜などを的確に用いることがポジティブ・ポライトネスの実現に不可欠です。例えば、"Thank you, Ms. Sato. May I ask for your full name?" あるいは "It's two o'clock, sir." のように用いられます。sir, madam, Mr. 〜, Ms. 〜が伴われなくても伝えるべき内容は理解されますが、接客英語としてはぶっきらぼうに響きます。

　ここで、接客場面でのポジティブ・ポライトネスを復習すると、ゲストとして丁重に遇されたいというゲストの欲求（positive face）に対して、スタッフが適切な態度や言葉づかいで接客することによって積極的に満足させることが、接客場面でのポジティブ・ポライトネスになります。

　つまり、ゲストは、sir, madam, Mr. 〜, Ms. 〜などを伴った表現で接客を受けると、ゲストとして丁重に遇されたいというゲストの欲求（positive face）が満たされることになります。

　一方、さきほど、（2）で would/could を用いることで、物事が仮の話として伝わり、結果としてネガティブ・ポライトネスの実現につながっていることを説明しましたが、（2）のような表現を全体としては、接客特有の丁寧さを兼ね備えた表現として捉えると、（2）のような表現を使うこと自体が、ポジティブ・ポライトネスの実現にも関連していることがわかります。つまり、接客場面では、ゲストは、スタッフから友だちのようにカジュアルに話しかけら

れたり、上から目線で指示されるようにものを言われたりしたら、いい気分は
しないでしょう。それは、ゲストとして丁重に遇されたいというゲストの欲求
（positive face）が満たされないこととなるからです。

　本節では、ユニバーサルな視点から、より質の高いサービスの創出に必要な
接客英語の仕組みを紹介するために、ポライトネス理論（positive politeness と
negative politeness）を援用しながら説明してきました。最後にポイントをまと
めると次のようになります。

◆　ゲストとして丁重に遇されたいというゲストの欲求（positive face）に対し
　　て、スタッフが適切な態度や言葉づかいで接客することによって積極的に
　　満足させることが、接客場面でのポジティブ・ポライトネスです。
◆　ゲストとしての領域を侵されたくない、ゲストとしての行動の自由を阻ま
　　れたくないというゲストの欲求（negative face）に対して、態度や言葉づか
　　いの上で、そのような行為を避けよう、でしゃばらないでおこうとする消
　　極的行為によって満足させることが接客場面でのネガティブ・ポライトネ
　　スです。
◆　would/could を用いると、物事が仮の話として伝わり、結果としてネガティ
　　ブ・ポライトネスの実現につながります。
◆　接客英語では please は慎重に使わなければなりません。
◆　sir, madam, Mr. ～、Ms. ～などを伴った接客を受けると、ゲストとして丁
　　重に遇されたいというゲストの欲求（positive face）が満たされます。
◆　（2）のような接客特有の丁寧さを兼ね備えた表現使うこと自体が、ポジ
　　ティブ・ポライトネスの実現につながります。

　ホスピタリティ産業において、サービスの有償性と接客英語は密接に関連し
ています。有償性とは、ゲストが提供されるサービスに対して支払う対価のこ
とです。第3節でも述べたように、接客英語では「ことばを使うこと自体がサー
ビスの一部になる」ことから、接客英語は、ホスピタリティの有償性を高める
ための重要なツールであると言えます。

第4章のポイント

▶英語が話せる人なら、だれでもすぐに英語で接客ができるわけではない。
▶接客英語は、専門的な言語スキル、異文化理解、問題解決能力、プロ意識などを含む複合的能力である。
▶高付加価値旅行を支える人材の育成には、「ことばの教育」が不可欠である。
▶接客英語では、ことばを使うこと自体がサービスの一部になる。
▶英語で接客ができるホスピタリティ人材を目指すには、ゲストに対する気遣いや配慮が「ことば化」される仕組みと共に接客英語を学んでいくことが有効である。
▶接客英語は、ホスピタリティの有償性を高めるための重要なツールである。

参考資料

観光庁（2024）「訪日旅行での高付加価値旅行者の誘致促進」〈https://www.mlit.go.jp/kankocho/seisaku_seido/kihonkeikaku/inbound_kaifuku/kofukakachi.html〉2024年9月30日閲覧。

観光庁（2022）「地方における高付加価値なインバウンド観光地づくりに向けたアクションプラン（案）」資料1．〈https://www.mlit.go.jp/kankocho/seisaku_seido/kihonkeikaku/inbound_kaifuku/kofukakachi/model/content/001483727.pdf〉2024年9月30日閲覧。

観光庁（2021）「上質なインバウンド観光サービス創出に向けて」報告書（概要）〈https://www.mlit.go.jp/kankocho/content/001460332.pdf〉2024年9月30日閲覧。

フィリップ・コトラーほか（2003）『コトラーのホスピタリティ&ツーリズム・マーケティング』ピアソン・エデュケーション。

田中勝監修，インターコンチネンタル・ホテル・アカデミー編（2000）『仕事現場の英会話　ホテル編』DHC。

Blue, G. M. & Harun, M.（2003）Hospitality language as a professional skill. *English for Specific Purposes 22*（1），73–91.

Brown, P. & Levinson, S. C.（1987）*Politeness : Some universals in language usage*（reissued）. Cambridge : Cambridge University Press.

おすすめの本

◆マヤ・バーダマン（2018）『英語の気配り──マネしたい「マナー」と「話し方」』ジェームス M. バーダマン監修，朝日新聞出版．
◆マヤ・バーダマン（2015）『英語のお手本──そのままマネしたい「敬語」集』ジェームス M. バーダマン監修，朝日新聞出版．

（中井延美）

第5章
やさしい日本語の使い方

 この章で学ぶこと

まず、外国人旅行者とのコミュニケーションにおける日本語使用の可能性について、また観光での日本語が持つ機能について説明します。次に、「やさしい日本語」の言語面、社会言語面、社会文化面それぞれのルールを解説していきます。そして最後に観光場面での「やさしい日本語」インターアクションの参加者の多様性と、そのインターアクションのあり方が共生に結びつくことについても触れます。

1　外国人旅行者と日本語——日本語を使ってもいいの？

 Warm up Q

　私は温泉地の箱根と都心の中継地である小田原駅を利用しています。この駅では多くの外国人旅行者を目にします。ある日、筆者が小田原から新宿へ向かう電車に乗っていると、突然、外国人旅行者と思われる欧米系男性と、たまたま近くに座っていた日本人女性が、ドアの上にある路線図（アルファベットの表記付）の前に行き、なにやら話し始めました。どうやらその外国人旅行者は目的地までの行き方を聞いていたようです。日本人女性はそこへ行くためには相模大野駅で乗り換えなければならないということを伝えていました。ごく短い会話でしたが、この外国人旅行者は話が理解できたようでお礼を言っていました。
　さて、この時この二人は何語で話をしていたでしょうか？
　　ⅰ．二人とも英語で会話　　　ⅱ．二人とも日本語で会話
　　ⅲ．二人とも英語と日本語の両方を使いながら会話
　　ⅳ．外国人旅行者は英語だけ、日本人旅行者は日本語だけで会話

　外国人旅行者数が初めて1000万人を超えた2013年、大阪のある和式旅館の女将さんから印象的な言葉を聞きました。日本語が堪能な外国人旅行者に会うと、

「日本語を使ってもらってすみません」という気持ちになるというのです。これは「英語が話せなくて申し訳ない」という気持ちの裏返しなのですが、本当に外国人旅行者に英語ではなく日本語でコミュニケーションをとることはいけないことなのでしょうか。

　また先日、東京の美術館で『翻訳できない　わたしの言葉』という題名の展覧会へ行ったのですが、そこでアイヌにルーツを持つアーティストと英語通訳者の対談映像を見ました。そのアーティストは「誰もが自分の選択した言語で話せるようになるべきことを主張するために、〇〇（通訳者の名前）に協力してもらっている」と語っていました。これは「言語権」と呼ばれる母語で自らを表現したり、教育を受けたりする権利に関わる内容です。同時に「私は英語を話さない権利が欲しい」とも語っていたのですが、これは英語を話すことが当然視される社会の中で、自分の気持ちをうまく伝えることができない言語使用を拒否する権利がほしいということだと思います。日本語は危機言語と言われるアイヌ語とは大きく異なりますが、先ほどの女将さんはこのアーティストが意識的に抵抗している状況に無意識のうちに囚われていたのかもしれません。

　さて、今度はその展覧会の帰りに一軒の居酒屋に入りました。しばらくすると、外国人旅行者と思われる女性が入ってきました。すると店長は「日本語、話せる？」と聞き、その女性が口ごもっていると、「うちは日本語わかんなきゃだめ」と言ったため、その人は残念そうに店を出て行きました。外国人旅行者が極めて多いこの界隈で、日本語のみを使おうとするのは表面的に言語権を主張しているように見えますが、それ以前に前提となるべきコミュニケーションを点火しようとする意思が見えませんでした。

　本章では、この外国人旅行者とのコミュニケーションの点火や、点火後の日本語使用時に必要となるルールなどについて説明していきます。そして、そのルールに基づいた日本語が、タイトルにある「やさしい日本語」です。

　「やさしい日本語」とは極端に単純化して言えば、簡単な日本語の日常会話ならなんとかなる外国人に向けた話し方ですが、ここでは後で説明するようにより広い捉え方をしていきます。それともう1つこの章でしばしば現れる「観光接触場面」（加藤 2020）という用語についても説明をしておきます。この用語の後の部分にある「接触場面」（ファン 2006）とは、これも単純化して言えば、Aという言語を母語とする人とBという言語を母語とする人が、どちらか一方の言語で会話をする「相手言語接触場面」、AでもBでもなくCという別の

言語で会話をする「第三者言語接触場面」、それぞれの母語で話をしても会話ができる「共通言語接触場面」の少なくとも3つに分けられます。日本人がアメリカ人旅行者と英語で話せば、多くの場合、相手言語接触場面ですし、日本人が中国人旅行者と英語で話をすれば第三者言語接触場面です。また、ノルウェー人とスウェーデン人はお互いの母語で話をしても少しは理解できるそうですが、これなどは共通言語接触場面になります。本章では基本的にどのタイプも考慮に入れていますが、これらの場面が観光現場で行われる場合を「観光接触場面」と呼びます。

さて、ここで最初の問題の解答です。これまでの話からiiと考えたかもしれませんが、実はivが正解です。興味深いことに外国人旅行者は駅名こそ英語なまりの日本語でしたが、それ以外は英語を使っていました。そして一方の日本人女性も堂々と日本語を使って、目的地までは相模大野駅で乗り換えるということを、路線図を指差しながら説明していたのです。ごく短いやりとりでしたが、聞き返しも繰り返しもなくスムーズなコミュニケーションが成立していました。

この日本人女性が使っていた日本語もこれからお話する「やさしい日本語」の1つと言えます。尋ねられたら「(手を激しく降りながら)英語ダメです！」などと逃げたりせずにコミュニケーションを点火し、相手の話の内容を理解する努力をし、明瞭に発話し、身体行動や文字表記なども駆使しながら話をする、これもやさしい日本語を使ったコミュニケーションと言えます。

2　観光接触場面での日本語機能

外国人旅行者に日本語を使った場合、外国人、日本人それぞれにどんなメリットがあると思いますか？

さて、そうは言っても本当に「外国人旅行者に日本語を使って大丈夫なの？」と、まあ普通考えるでしょう。しかし、日本語の機能はコミュニケーションだけではないのです。

海外の日本語学習者数は2022年の国際交流基金の調査によると379万4714人

でした。また、日本国内の日本語学習者数は2022年の文化庁調査によると21万 [2)]
9808人だったそうです。したがってごく単純に考えれば400万人ぐらいの人が
世界中で日本語を勉強していることになります。これには自分で日本語を勉強
している人は含まれていませんから、実際には日本語学習者はもっと多いので
はないでしょうか。

　こういった人たちにとっては、日本語学習自体が日本旅行の目的の1つとな
ります。したがって、旅行中の日本語使用には『学習機能』があると言えます。
以前、北海道のある町でタイや台湾で日本語を勉強している学生たちを呼んで
町の人とコミュニケーションをしてもらおうという試みがありました。地元の
人たちにはやさしい日本語を事前に学んでもらい、学生たちの日本語会話の練
習台になってもらおうというわけです。これなどは日本語の『学習機能』を強
調した旅行形態だと言えるでしょう。

　他に日本語の『お土産機能』と言えるものもあります。ある外国人旅行者に
人気のゲストハウスの話ですが、玄関を入ると目の前にホワイトボードが置か
れています。ホワイトボードには2種類の女性の絵が描かれていて、1つは
「いってきます」、もう1つは「ただいま」と吹き出しに書かれています。そし
てそれぞれローマ字表記と英語訳も併記され、発音や意味がわかるようになっ
ています。オーナーはこの絵について、出掛けるときや帰ってくるときに見て
もらい、覚えて国に帰ってもらう、いわば日本語の「お土産」みたいなものだ
と言っていました。つまり日本旅行のモノではなくコトバのお土産となるわけ
です。

　それから日本語にはコミュニケーションを点火しやすくする機能もあります。
小田原駅の日本人女性も堂々と日本語でコミュニケーションを点火していまし
たが、英文を考える前に日本語でまず話せば、スムーズにコミュニケーション
が始められるかもしれません。これは自分からコミュニケーションをスタート
させる場合も同じです。皆さんは、どこかの駅で「困っているお客さんを見た
ら積極的に声をかけましょう」といったアナウンスを聞いたことがありません
か？　これはあちこちの交通事業者が行っている『声かけ・サポート』運動の
一環だそうです。私も実際に駅で困っている外国人旅行者に声をかけてあげた
ことがありますが、こういった場合も英語でなんて言うんだろうと考える前に、
とりあえず「どうしましたか？」とか「大丈夫ですか？」などと日本語で声を
かければ緊張感なくコミュニケーションが点火できます。第2章でも言及され

ているようにそもそも外国人旅行者が全員英語を話せる保証はありません。

　以前、よく立ち寄っていた飲食店のご主人が「外国人旅行者が増えてきたが英語が苦手だから呼び込めない」とぼやいていたので、日本語で声をかけてみてはと提案しました。それ以降日本語で「いらっしゃい！」と店の前を歩く外国人に大きな声をかけるようになったのですが、本当に外国人が入ってくるようになり感謝されたことがあります。これなども日本語が持つ『コミュニケーション点火機能』の効果と言えるでしょう。

　もちろん日本語にも『コミュニケーション機能』そのものもあります。最初にお話をした大阪の旅館の女将さんが外国人旅行者と日本語で話をする場合もそうですし、外国人旅行者にインタビューするテレビ番組でも日本語でコミュニケーションが成立しているケースをときどき見かけます。日本語でコミュニケーションをするときに同時に発生しやすいのが『ポジティブ・ポライトネス化機能』です。ポジティブ・ポライトネス化というのは相手との心的距離が小さくなり、「お客さまは神様です」という上下の感覚よりも、横の関係で親密さが強調されるようになるというものです（「ポライトネス」については第4章参照）。このようになる原因の一つは日本語を理解してもらうために難しい敬語を使用しないので、自然と親近感を感じるということがあります。ただ、加藤（2010）によると、そもそも接触場面では、母語で話す場面で使用されるコミュニケーションの規則が一時的に弱まり、初めのうちは距離をとって接するよりも心的距離を縮めようとする傾向が強まると言っています。また、トリップアドバイザーの口コミ評価を分析した加藤（2020）でも、日本の宿泊施設に対する高評価のコメントには"friendly"や"helpful"といった親近感を表す言葉が多く現れ、横並びの人間関係が好まれると指摘しています。

　さて、これから詳しくお話をする「やさしい日本語」も上で挙げた様々な機能を持っているものと考えてください。

3　「やさしい日本語」の形式と実践

「やさしい日本語」とはどのようなものだと思いますか。その特徴を5つ考えてください。

72 第Ⅱ部 ホスピタリティ・コミュニケーションの実践

　ここからは具体的にやさしい日本語とはどのようなものであるか見ていきましょう。すでにやさしい日本語をある程度ご存知の方も多いと思いますが、見過ごされやすい点についてあらかじめ２点説明しておきます。

　１つはやさしい日本語は決して簡単な言葉に変換すれば済むというものではなく、その運用方法に関わる社会言語的側面や文化の違いなどに関わる社会文化的側面も考慮しなければなりません。言語的要素のみに囚われると、正しい表現を追い求めすぎて「やさしくない日本語」という印象で終わってしまう可能性があります。したがって、ここではやさしい日本語を言語的側面、社会言語的側面、社会文化的側面に分けて説明します。

　もう１つ注意したいことは、やさしい日本語で行うコミュニケーションの参加者はだれかという点です。観光接触場面でやさしい日本語を使うというと普通は「日本語母語話者の観光従事者から、日本語非母語話者の外国人旅行者へ」という捉え方になるでしょう。しかし、このような単純な図式に限定されるものではありません。この点は（４）で説明しようと思います。

（1）やさしい日本語の言語的ルール：小池都知事のやさしい日本語

　下はコロナ禍の2021年４月26、27日に、小池都知事が都民向けに行った緊急事態宣言の動画の一部です。文はテロップをそのまま抜粋しました。前半は通常の日本語で話したもの、後半は同内容のやさしい日本語バージョンです。この２つを比較して、異なっている点を５つ以上見つけながら読んでみましょう。

〈通常バージョン　2021年４月26日[3)]〉（一部抜粋）

感染力の強い変異株が広がっています
今ここで感染拡大を止めるために人の流れを「おさえる」ことが必要です
外出　帰省を「おさえる」ステイホームを徹底してください
東京都にお住まいではない方も　東京都にお越しにならないでください
事業者の皆様、テレワークなどを活用して、職場に出勤する人を３割まで「おさえて」ください

〈やさしい日本語バージョン　2021年４月27日[4)]〉（一部抜粋）

今とても強い特別な新型コロナ COVID-19になる人が増えています
もっと増えるととても危ないです

第5章　やさしい日本語の使い方　　73

危険です
人が動くと特別な COVID–19になる人がもっと増えてしまいます
できるだけ家にいてください
出かけたり旅行をしないでください
いつも一緒にいない人に会わないでください
東京に住んでいない人は　東京に来ないでください
家で仕事ができるようにしてください
会社をしている人は会社にいる人をいつもより70％少なくしてください

　2つのバージョンで異なる点を順番に見ていきましょう（表5–1参照）。まず、難しいと思われる表現を避けて簡単な言い方にします。例えば、通常バージョンの1行目にある「感染力の強い」という表現がありますが、これはやさしい日本語バージョンでは、「とても強い」となっています。

　次により具体的な表現に言い換えるのも重要です。1行目の「変異株」は「新型コロナ COVID–19」となっています。また、上の文中にはありませんが、

表5–1　やさしい日本語の言語的ルール

1.	難しいと思われる表現は避けて簡単な言い方にする
2.	具体的な表現を使う
3.	漢語ではなく和語を使う
4.	単文を使い1つの文で1つのことだけ伝える
5.	曖昧な表現にせず直接的な表現にする
6.	外来語（カタカナ語）は使わない
7.	過度な敬語は使わない
8.	文の最後は「デス・マス」にする
9.	依頼、指示をするときは「〜てください」「〜ないでください」にする
10.	必要がない内容は適度に省略する
11.	話す（書く）内容を整理してから話す（書く）
12.	主語は省略しない
13.	「受身形」や「使役形」はつかわない（例「〜に掃除させます」→「〜が掃除します」）
14.	「可能形」は「〜ことができます」（例「食べられます」→「食べることができます」）
15.	擬態語や擬音語といったオノマトペは使わない
16.	漢字には振り仮名をつける

出典：加藤（2021）を一部修正。

通常バージョンにある「三密」という表現が、「窓がない場所や新しい空気を入れることができない場所へ行かないでください」「人が集まる場所へ行かないでください」「人と近くで話さないでください」と具体的な表現に変えられています。当時の日本に住んでいれば、「三密」は理解されるかもしれませんが、多くの外国人に同じ背景知識をもとめるのは難しいでしょう。

　3番目に和語を使うという特徴もあります。通常バージョンの2行目にある「拡大」ということばがやさしい日本語では「増えて」になっています。観光場面では「宿泊」とか「乗車」などもよく使われる漢語でしょうが、これらも「泊まる」とか「乗る」などと言った方がわかりやすいでしょう。4番目に一つの文には一つの内容だけ入れるようにします。例えば通常バージョンの2行目「今ここで感染拡大を食い止めるために人の流れを『おさえる』ことが必要です」という一文が、やさしい日本語バージョンでは、「もっと増えるとても危ないです」「危険です」「人が動くと特別なCOVID–19になる人がもっと増えてしまいます」と、3つに分けられています。また、ここで「危険です」と直接的に表現されているのは5番目の特徴と言えます。緊急に危険を知らせなければならない状況では、明確に「危ない」などと言ってもいいでしょう。

　6番目にカタカナ語をできるだけ使わないというのも特徴です。通常バージョンの3行目「ステイホーム」や6行目「テレワーク」ということばが、やさしい日本語では「家にいてください」とか「家で仕事ができるようにしてください」となっています。カタカナ語は英語だから通じやすいと思われるかもしれませんが、日本語は最後に母音をつけるので、例えば「card」なら日本語では [kādo] となり、別の単語と思われる可能性があります。「切符」などもわざわざ [chiketto] と母音をつけたカタカナ語にしないで、「切符」とした方が初級学習者にはかえって伝わるかもしれません。

　7番目に謙譲語、尊敬語、改まり語などの敬語はできるだけ使わないようにすることも必要です。例えば通常バージョンの4行目「お住まいではない」がやさしい日本語バージョンでは「住んでいない」となっていますし、「お越しにならないでください」は「来ないでください」となっています。また、「方」は「人」となっています。ただ、日本語の教科書はデス・マス体で書かれているので、デス・マスを使ういわゆる丁寧体の文は基本としてください。

　小池都知事の動画では、通常バージョンでもやさしい日本語バージョンでも、内容上、多くの「てください」「ないでください」が使われています。特にや

さしい日本語では依頼や指示を明確にするために、「てください」「ないでください」を使います。これらの表現は学習初期で習う表現なので、曖昧な表現よりも理解されやすいです。例えば「少々お時間をいただけますか」という表現より「すこし待ってください」の方が理解されやすいでしょう。また、不必要な内容は適度に省略したり内容を変えることも大切です。例えば、「帰省」は日本人のように実家が国内にあるケースは外国人には少ないでしょうから、無理にやさしい日本語化せずに、単に「出かけたり旅行をしないでください」となっています。

　その他、そもそも話をしたり書いたりする前に、よく内容を整理しておく必要もあります。内容が首尾一貫しているだけで理解が容易になります。その際には主語を省略しないことも大切です。また、「盗まれる」「聞かれる」といった受身の表現や、「待たせる」「掃除させる」といった使役の表現も避けた方がいいです。これらの表現は初級後半で勉強することが多いので、まだ定着していない可能性があるのです。また、「書ける」「読める」といった可能形の表現も「書くことができる」「読むことができる」と「ことができる」をつけた方がいいでしょう。「かく」「よむ」などは辞書の見出し語となっているので理解しやすいのです。「ガンガン」「シクシク」などの擬態語や擬音語といったオノマトペを使用しないことや、漢字に振り仮名をつけるといったことも必要になります。

（2）やさしい日本語の社会言語的ルール

　ここでは、前節で挙げられた様々な言語的ルールを実際にどう運用すればいいのか、コミュニケーションの流れはどうしたらいいか、コミュニケーションの媒体はどうするのか、といった点について説明していきます（表5‐2参照）。

　もう一度（1）の小池都知事の緊急事態宣言を見てみましょう。両バージョンとも基本的に同じ内容ですが、通常バージョンの動画全体は1分12秒、やさしい日本語バージョンは約2分と長くなっています。これは表現を変えたことの他に、小池都知事が発話速度を落としていたこともその要因で、この点もやさしい日本語として重要です。ある宿泊施設で外国人旅行者と日本人スタッフが話している場面を観察したのですが、通常日本人なら5分程度で終わるチェックインの作業が、外国人だと30分近くかかることがありました。その日本人スタッフに聞くと、こういった時間のかけ方も、外国人旅行者へのおもて

76　第Ⅱ部　ホスピタリティ・コミュニケーションの実践

表5-2　やさしい日本語の社会言語的ルール

1.	ゆっくり、はっきり、最後まで発話する
2.	相手のレベルに応じてやさしさを調整する（通常の日本語からやさしい日本語へ）
3.	敬語をとるのに抵抗感があったら、敬語文を言ってからやさしい日本語を使用する
4.	一方的に伝えるのではなく、双方向のやりとりが必要である
5.	聞き返し、繰り返し要求、理解確認なども必要に応じて行う
6.	書き言葉、身体行動、翻訳アプリ、写真など、多様な媒体を利用する

出典：加藤（2021）を一部修正。

なしの1つと言えるそうです。

　また、小池都知事は元ニュースキャスターだけあって明瞭に発話し、一文を最後まで言い切っています。もちろんこれは公式メッセージなので当然のことなのですが、こういった話し方もやさしい日本語の基本的な運用方法です。

　次に外国人旅行者が日本語を話せたとしても、当然そのレベルは一様ではありません。文化庁の調査によると[5]、国内の在留外国人4737人に対して日本語能力を自己評価してもらったところ、「どんな内容であっても相手や状況にあわせて適切に会話を進めることができる」という人が23.6％、「流ちょうに自然に会話をすることができる」が21.5％、「日常生活で必要な会話ができる」が29.6％、「身近で基本的な情報交換ができる」が11.3％、「よく使われるあいさつや日常的な言い回しを使うことができる」が12.3％、「全くできない」が1.7％でした。つまり少なくとも最初の2つに該当する45.1％の人には**表5-1**で挙げられたような言語的ルールを強く意識する必要はあまりないと考えられます。海外からの旅行者の場合、これほどの割合は望めませんが、なかには十分な日本語能力を持った人たちもいます。

　さて、そうなると相手の日本語能力を見極め、適度にレベル調整を行う必要がでてきます。ある旅館のスタッフで、10年間ニューヨークに住んでいて英語が非常に堪能な人がいました。この旅館の宿泊客は半分ほどが外国人旅行者なので、彼の英語力が重宝されていたのですが、この人が日本語のレベル調整について次のように語っていました。日本語が上手な外国人旅行者にとって、初めから英語で話すのはかえって失礼なので、最初は日本人客と同様に話し始め、難しいようだったら、易しめに日本語を調整し、それでも困難な場合には英語を使用する、つまり「通常の日本語 → やさしい日本語 → 英語」というステッ

プです。かなり一瞬で日本語のレベル調整を行っているわけですが、このステップは日本語が話せる外国人旅行者にとっても、また英語使用を躊躇する日本人にとっても良いのではないかと思います。以前あるロシア人学生が、自分の日本語を試す目的も兼ねて、初めて関西旅行へ出掛けました。宿泊予定の旅館に到着し、少し小さめの声で「すみませーん」と言って入っていったところ、すぐに女将さんから英語で話しかけられたため、結局最後まで日本語に変える機会を失ってしまったと残念がっていました。このように日本語を試してみたい外国人旅行者もいるでしょうから、まずは普通の日本語で話すべきだったかもしれません。日本語のレベル調整もやさしい日本語運用の重要な点です。

　次にある店で買い物をしていたサウジアラビア人家族についてのお話をしましょう。夫は日常会話なら問題なく日本語で意思疎通ができるのですが、店員の説明が難しかったため、敬語をとるように頼んだそうです。さて、その店員はその後どのような行動をとったと思いますか。この店員は耳元に口を近づけ、小さな声で敬語をとって話したそうです。実はこのサウジアラビア人は私のゼミ生だったのですが、その学生が言うには、近くにいた他の日本人客にここの店員は失礼な口の利き方をすると思われたくなかったために小さな声で話したのではないかと言っていました。ただ、その店員の気持ちもよくわかります。サービス業にある「客─店員」の上下関係を具現化する敬語をとってしまうのは心理的負担になりそうです。では、こういう場合、敬語使用の運用はどうしたらいいでしょうか。

　少し手間がかかりますが、短い文なら「一般的に使う敬語文→やさしい日本語」のステップで話すのも1つの方法です。例えば「お飲み物は何になさいますか？　何を飲みますか？」などのように言えば、敬語を使わないことに対する心理的な抵抗も軽減されるし、後の文で内容を理解してもらえるでしょう。また、意味がわかれば最初の敬語を使った文にも慣れてもらえます。

　次に、コミュニケーションの流れについて考えてみます。やさしい日本語は日本語母語話者から外国人旅行者へと一方通行で流れると考えるべきではありません。この節の前半でチェックインの時に30分近くもかかる宿泊施設のことをお話しましたが、これは一方的に情報を与え続けるというのではなく、相手の言っていることにも十分耳を傾けながら話すという双方向性のやりとりであることに注意したいと思います。つまり観光場面でのやさしい日本語とは、日本語母語話者から日本語非母語話者へ情報が流れる一方向的なものではなく、

観光従事者と外国人旅行者がやさしい日本語などを使いながら双方向に情報の
やりとりをする「やさしい日本語インターアクション」と全体的に捉えるとい
いでしょう。

また、双方向性という場合、そこには聞き返しや繰り返し要求、理解確認な
どが生じてくることも多いです。これらは言語教育の中では「意味交渉」といっ
て言語学習者の習得を促進する可能性もあるので、必ずしも失礼だからと言っ
て控えてしまわなくてもいいでしょう。例えば相手の日本語がよく理解できな
いときに「すみません、何ですか？」とか「もう一度いってください」と言え
ば、相手は自分の発音や日本文が正確でなかったと判断し、より意識して話す
ので日本語能力の向上につながることが期待できるのです。

最後に、コミュニケーションの媒体についてはどう考えればいいでしょう。
もちろん話し言葉だけでコミュニケーションする必要はありません。文字を書
いてもいいですし、スマホの翻訳アプリ（詳細は第8章参照）、身体行動、写真
なども含めて多様な媒体を利用していくのもやさしい日本語インターアクショ
ンです。ただ、つい最近ある観光地の喫茶店で聞いたのですが、翻訳アプリを
使ってコミュニケーションをする外国人旅行者が増えたものの、もとの文がよ
く整理されていないためか、全く意味のわからない翻訳文に遭遇することがあ
るそうです。こういったツールを使用するときは、何語であっても内容をまず
整理してから話すというやさしい日本語のルール（表5-1の11）が役に立ちます。

ここで挙げられた社会言語的ルールは第1章のCan-Doリストの**言葉遣い**
（Can-Do ⑤）**観察と察し**（Can-Do ⑧）と関連するものと言えるでしょう。

（3）やさしい日本語の社会文化的ルール

以前、ある中東出身の留学生に日本の公立図書館を案内したところ、日本語
能力は高いのに説明がピンとこない様子なので、そのわけを聞いてみました。
すると、その人の国では本は買うもので、図書館で借りるというイメージがあ
まりないのだそうです。このように外国人の背景知識は日本人とは異なってい
ることが多いので、宗教上の習慣やジェンダーアイデンティティの考え方など、
事前情報を基にしてコミュニケーション内容の適切さを考えておく必要があり
ます（**異文化の知識**：Can-Do ⑯）。

これも習慣が異なっていることから来ることですが、外国人の振る舞いや身
なりで人格や性格を判断しないことも必要です。あるオーストラリアの裕福な

第5章　やさしい日本語の使い方　79

表5-3　やさしい日本語の社会文化的ルール

1.	外国人の背景知識を考慮して、コミュニケーション内容を適切にする
2.	外国人の振る舞いや出立ちで人格や性格を判断しない
3.	外国人の日本語をほめすぎたり、自分のやさしい日本語を恥ずかしがったりしない
4.	外国人はすべて英語を話せるとは限らない

出典：加藤（2021）を一部修正。

家で育ったおとなしい女子大学生が、日本のホームステイ先であぐらをかいて座ったところ、品のない女の子という印象を最初にもたれたそうです。ただ、オーストラリアでは男子学生も女子学生も、教師の前であっても、廊下や教室で平気であぐらをかいて座っていることが多いのです。

　また、日本語を話せる人は珍しいとか頭がいいとかといったステレオタイプから、日本語を話す外国人を見るとやたらに「日本語お上手ですね！」などとほめない方がいいでしょう。何年日本に住んでいてもほめられるので、かえって不快に感じるという外国人はけっこういます。また、反対に日本人側としては自分のやさしい日本語を恥ずかしがらないことも大切です。その他、外国人はみんな英語が話せるというステレオタイプを持たないようにすることも必要です。世界は多様で英語が話せない人もたくさんいるのです（**異文化の理解と実践**：Can-Do ⑰）。

（4）やさしい日本語インターアクションの参加者

　これまで説明してきたやさしい日本語インターアクションは基本的に観光従事者の日本語母語話者と外国人旅行者の存在が前提となっていました。しかし、決してやさしい日本語インターアクションの参加者はこれだけではありません。

　例えば、宿泊施設で働く日本人従業員は、同僚の外国人従業員や関連業者の外国人とも日本語で話すでしょうし、外国人従業員も外国人旅行者や、同僚の外国人従業員と話す場合があるでしょう（外国籍スタッフとのコミュニケーションについては第9章を参照）。こういった場面でもやさしい日本語が活用できます。また、整理された理解しやすい日本語で話したり、メールを書いたりするなどのルールは、相手が外国人であろうが日本人であろうが重要です。誰に対してもわかりやすくされた日本語をプレインジャパニーズ（plain Japanese）と呼ぶことがあります。

こうしてみるとやさしい日本語のルールや考え方というのは、敷延していけばわれわれがより良い共生社会を実現していくための必要なインターアクションのあり方だということが言えるのです。

4　サステナブル・ツーリズムと日本語

　最後に、今後外国人旅行者の対応において日本語がより重視されるかもしれない理由に1つ触れておきましょう。近年、「サステナブル・ツーリズム」の大切さが強調されています。「サステナブル・ツーリズム」について日本政府観光局（JNTO）は、国連世界観光機関（UNWTO）の定義を引用しつつ「旅行者、観光関係事業者、受け入れ地域にとって、『環境』『文化』『経済』の観点で、持続可能かつ発展性のある観光」であるとまとめています。[6] そして加藤（2024）はこういった形態のツーリズムが「ホストの自主性」「ゲストのサステナビリティへの意識」「ホストとゲストのインターアクション調整」「観光資源としての言語の活用」といった条件を満たしていれば、文化の1つであるホスト国言語の維持に貢献するのではないかと論じています。加藤の場合は特にオーストラリアのアボリジナルの言語に絞って議論していますが、ホスト社会への配慮やオーセンティシティ（authenticity：真正性）がより重視されることによって、外国人旅行者が日本を訪れたときに日本語を意識的に使っていこうとする機運が高まるでしょう。

☺ エクササイズ

　2〜3人のグループを作り、外国人旅行者に日本語学習に関する簡単なインタビューを実施してください。その時に次のことに注意してください。
　　a　必ず最初は「インタビューをお願いします」など日本語で質問すること。
　　b　もし日本語で返事が来たら、最初は「どこからいらっしゃいましたか」などのように敬語を使用し、難しければ「どこから来ましたか」などのやさしい日本語に切り替えること。
　　c　日本語でコミュニケーションができなかったら英語に切り替えること。
　最終的に、どれだけの人が日本語で対応できたか、また日本語学習の有無などについて集計してください。

第 5 章　やさしい日本語の使い方　81

👆 第 5 章のポイント

▶ 観光接触場面で使われる日本語には複数の機能がある。

▶ やさしい日本語とは基本的に初級日本語学習者を対象とした調整された日本語である。

▶ やさしい日本語は言語面、社会言語面、社会文化面それぞれにルールがある。

▶ やさしい日本語インターアクションに参加する人は多様であり、やさしい日本語を使うことは共生社会へとつながる。

注
1 ）文化庁「令和 4 年日本語教育実態調査国内の日本語教育の概要」〈https://www.bunka.go.jp/seisaku/bunkashingikai/kokugo/nihongo/nihongo_120/pdf/93919401_06.pdf〉2024年 7 月15日閲覧。
2 ）国際交流基金「2021年度海外日本語教育機関調査結果概要」〈https://www.jpf.go.jp/j/about/press/2022/dl/2022-023-02_1228.pdf〉2024年 7 月15日閲覧。
3 ）東京都『緊急事態宣言発令中』〈https://www.youtube.com/watch?v=L9SEN7qioMg&t=4s〉、2024年 8 月27日閲覧。
4 ）東京都『緊急事態宣言』〈https://www.youtube.com/watch?v=M2NGZUVqNkM〉、2024年 8 月27日閲覧。
5 ）文化庁「日本語教育関係参考データ（令和 6 年 3 月18日）」〈https://www.mext.go.jp/content/20240315-ope_dev03-000034581-18.pdf〉2024年 7 月15日閲覧。
6 ）日本政府観光局（JNTO）「サステナブル・ツーリズムの推進」〈https://www.jnto.go.jp〉2024年 9 月27日閲覧。

参考文献
加藤好崇（2010）『異文化接触場面のインターアクション』東海大学出版会。
加藤好崇（2020）「インバウンドと「観光のためのやさしい日本語」」『日本語学』39（ 3 ）、明治書院、109-117。
加藤好崇（2021.8.31）「やさしい日本語って何だろう？」『多文化対応力向上講座　図書館編』公益財団法人かながわ国際交流財団主催。
加藤好崇（2024）「サステナブル・ツーリズムと危機言語の維持・復興の可能性——カルークアボリジナル文化ツアーの事例から——」宮崎里司・佐和田敬司編『コロナ禍を乗り越え未来に向かうオーストラリア』オセアニア出版社、73-90。
ファン，S. K.（2006）「接触場面のタイポロジーと接触場面研究の課題」国立国語研究所編『日本語教育の新たな文脈』アルク、120-141。

（加藤好崇）

第Ⅲ部
現場でのホスピタリティ・コミュニケーションの実態

ここまでは、スキルや態度、言語の使い方などを学んできましたが、観光の現場では実際にどのようなコミュニケーションが展開されているのでしょうか？　このセクションでは、個人旅行やコト消費型の旅が増加するこれからの時代にますます重要性を増すと思われる、観光案内所や観光ガイドのコミュニケーションのリアルな状況、工夫や取り組みを垣間見ていきましょう。ホスピタリティ・コミュニケーションの多様な様子やダイナミックさに驚かれるかもしれません。さらに、私たちの外国語によるコミュニケーションスタイルを変容させつつある観光現場でのテクノロジーの現状と課題についても考えましょう。

第6章

観光ガイドの対応
――体験共有を通じたホスピタリティ・コミュニケーションの展開

この章で学ぶこと

皆さんは旅先で半日、1日の「オプショナルツアー」や「○○体験ツアー」に参加したことはありますか。専門知識を持ったガイドが付き添い、安心かつ予定通りに旅の思い出作りをサポートしてくれます。外国からの旅行者と同じグループで、ガイドの説明を聞きながら共に行動するところを想像してください。体験型ツアーのガイドには、英語でのガイド能力も求められています。多様化する体験型ツアーの需要の急増にガイドはどのように対応しているのか、考えてみましょう。

1　観光ガイド
――共有体験を提供するホスピタリティ・コミュニケーションの担い手

Warm up Q

「観光ガイド」と聞いてどのようなイメージが湧きますか。観光地や駅で、小さい旗を持ってグループをまとめている人を思い浮かべるかもしれません。観光ガイドなしの旅行と観光ガイドのサービス付き旅行はそれぞれどのようなメリットとデメリットがあると思いますか。例を挙げてみてください。

（1）観光ガイドの定義とカテゴリ

　総務省「日本標準産業分類」によると、観光ガイドは「旅行・観光案内人」であり、「客に付き添い、旅行・観光に関する案内の仕事に従事するもの」とあります（総務省 2009）。例として「観光通訳案内人；登山案内人；旅行添乗員；旅行・観光ガイド；名所旧跡案内人；旅行・観光案内人」などが挙げられています。観光ガイドの役割は多面的であり、複数の研究者によって異なる視点から分析されてきました。観光ガイドの役割研究の先駆者である Cohen

(1985) のモデルでは、観光客との関係性に焦点を当て、ガイドの機能を道案内役からメンター、リーダー、調停者まで幅広く捉えました。Holloway の分類 (1981) においても、専門ガイド、地域ガイド、都市ガイド、自然ガイド、冒険ガイドなど、ガイドの専門性や活動領域に基づいた分類が提案されました。Pond の類型 (1993) は、これらの役割をさらに機能的な側面から捉え直し、情報提供者、社会的触媒、文化仲介者、動機付け者、環境通訳者といった観点からガイドの役割を分類しています。この機能的アプローチは、Weiler & Davis のモデル (1993) にも反映されており、道具的役割、社会的役割、交流促進的役割という 3 つの主要カテゴリにガイドの機能を集約しています。

　これらのモデルは互いに補完し合い、観光ガイドの役割の複雑さと多様性を示しています。ガイドは単なるグループを引率する案内人ではなく、専門知識とコミュニケーション能力を駆使して地理的誘導、知識伝達、グループ管理、文化的解釈、安全管理、そして体験の質を高める役割など多岐にわたる機能を果たしているのです。そこで、国内で活動するガイドの仕事のイメージをつかむため、所属組織や専門性の面から色々なタイプのガイドを考えてみます。なお、以下の分類はそれぞれ厳格に独立したものではなく、複数のカテゴリにまたがるガイドも多く存在します。

▶公的機関が認定する観光ガイド
　　全国通訳案内士（国家資格）
　　地域通訳案内士（自治体が認定）
　　旅程管理主任者（観光庁登録機関が認定するツアーコンダクター）
▶民間企業が雇用する観光ガイド
　　旅行会社や観光バス会社に所属するガイド
　　ホテルや観光施設に勤務するガイド
▶フリーランスの観光ガイド
　　個人事業主として活動するガイド
　　ツアー催行会社に登録し、依頼に応じてツアーを担当するガイド
▶専門分野に特化したガイド
　　アートや建築、歴史などの専門知識を活かしたガイド
　　アクティビティ（ハイキング、サイクリングなど）に特化したガイド
▶ボランティアガイド
　　自治体や観光協会が運営するボランティアガイド組織に所属するガイド
　　無償または実費程度の報酬で活動するガイド

▶在住外国人によるガイド
　　母語や文化的背景を活かした日本在住の外国人ガイド
▶オンラインガイド
　　バーチャルツアーやオンラインツアーを担当するガイド
　　リモートで観光案内を行うガイド

（2）観光ガイドの外国人旅行者対応

　上記のうち、外国人旅行者対応という観点からいくつかの観光ガイドについてもう少し詳しく見てみましょう。

▶公的機関が認定する観光ガイド

　「全国／地域通訳案内士」には「通訳」という言葉が冠されており、インバウンド観光に特化した極めて高度な外国語運用能力を連想させます。「通訳案内士」と「通訳者」の違いとしては、「通訳者」は起点となる言語で話された内容を別の言語で言い換える、つまり第三者が発した内容に対応するのに対し、「通訳案内士」は観光案内に関わる特定の事柄について、自ら構築した内容を外国語で伝える必要があります。そのため一定の素養がある人に登録を義務付け、質を維持するために国家試験（外国語、日本地理・歴史、一般教養、案内実務）を義務付けています。

　有償の通訳案内業務は、法律によって通訳案内士にのみ許可されていましたが、観光産業の発展と多様化するニーズに対応するために2018年に改正通訳案内士法が施行され、現在は資格がなくても外国語での観光案内業務を行えるようになっています。しかしながら、全国通訳案内士の名称使用については引き続き資格保持者のみに限定されていることや、1949年の実施以来70年近い歴史を持った資格試験であること、さらに年1回と受験機会が少なく、合格率が低い（2023年度英語合格率12.9％、日本政府観光局）ことから、「外国語でのガイド業務には極めて高い外国語運用能力が必要なのだ」、という印象を与えがちです。また、外国語に関わる唯一の国家資格である通訳案内士は、英語力を測定する試験としても認識されており、資格を持っていても実際に登録してガイド実務に従事している人の数は合格者の数よりも少ないと推測されます。

　これらの事情や地方における多言語観光ガイド不足を緩和し、地域の個別のニーズに対応するための語学力、知識を備え、簡易な手続きで資格を付与する

制度として「地域通訳案内士」制度が2018年から施行されています。2024年現在で42の自治体や地域において3782名が導入育成中です。2020年〜2022年の新型コロナウイルス感染症防止策のために入国者が激減した時期もあり、地域通訳案内士制度導入の成果を確認するにはあと数年はかかることでしょう。

▶専門分野に特化したガイド

インバウンド市場で注目される体験型観光においては、地元の専門家や職人による直接指導によってより深い理解を参加者に提供することが期待されています。茶道体験、武士体験、和菓子・工芸品制作体験、祭りなどの伝統行事への参加など、ガイドに求められる専門性はより深まっていると考えられます。また、登山やマリンスポーツなどのアクティビティにおいては、第三者が言語のみのサポート役として介入することが難しいでしょう。安全なツアー催行を達成するには、ガイドの「専門知識＋専門スキル＋言語」が必須であると思われます。

▶ボランティアガイド

まち歩きガイドや地域の語り部など、外国語実践や国際交流の機会として学生からシニア世代まで広く参加の余地があるものです。有償のいわゆる「プロ」の観光ガイドと、無償のボランティア観光ガイドの職業規律や倫理的義務には、いくつかの重要な違いがあります。有償ガイドは通常、より厳格な法的責任を負い、特定のライセンスや保険の取得が求められることが多いですし、報酬に応じた高度な知識や専門性が期待され、一定のサービス水準を維持する義務があります。一方、ボランティアガイドはこれらの点で要求が緩和されていることが多いでしょう。また、有償ガイドがより厳格なスケジュール管理を求められるのに対し、ボランティアガイドは比較的柔軟です。言語能力面ではどうでしょうか。ボランティアガイドでも高度な語学力を持つ人もいますし、有償ガイドの中にも語学力向上に取り組んでいる人もいます。また、観光地や対象となる観光客によっても要求される語学レベルは変わってきます。例えばアクセスの難しい地域で地元の人たちが無償でガイドサービスを提供してくれるような場合には、ガイドの語学力の程度が旅行者の印象を決定づける要因にはなりにくいでしょう。地域の魅力を伝えるという点において、ボランティアガイドの役割は大きいと思われます。

ここで先に上げたカテゴリに含まれていないガイドがあります。それはAIやITテクノロジーのみで成り立つ、人間以外が務めるガイドです。既に身近なものとしては、博物館や美術館で提供される多言語音声ガイダンス、これも観光ガイドの一形態と考えることができます。他にもバーチャルな拡張現実（AR）を用いた歴史的景観の再現やパーソナライズされた旅程の提案などが可能になっています。これらの技術は情報提供の効率性や正確性という点で大きな利点がありますが、人間のガイドによる生きた解説や交流とは異なる体験を提供するものだと理解するのが適切でしょう。

　体験型観光旅行の本質的な魅力は、旅行先の人々との交流にあります。感動を共有し、ガイドの人柄や個人的経験を知ることによって旅行経験は深みを増すことでしょう。不測の事態にも臨機応変に対応できる人間によるガイドは単なる情報提供者以上の存在で、その価値を現在のAI技術で完全に再現することは難しいと考えられています。AIは現在のところ情報提供や言語サポートを行う補完ツールとしての機能が期待されていますが、人間のガイド自身が担う役割—より深い文化的交流や個別化されたサービス—に注力する場合にも、やはり言語によるコミュニケーションが必要なスキルであることは確実であるようです。

 エクササイズ ①

次の状況に最も適した観光ガイドの種類を選び、その理由を簡潔に説明してください。
状　況：外国人旅行者グループが、地方の小さな町で「和紙の手すき体験」参加（有料）を希望している。彼らは英語話者で、体験指導する地元の職人は英語を話さない。
選択肢：a）全国通訳案内士
　　　　b）地域通訳案内士
　　　　c）専門分野に特化したガイド（和紙製作会社の技術者）
　　　　d）地元大学生によるボランティアガイド

2　野外のアクティビティガイドに求められるコミュニケーション

Warm up Q

野外で行うアクティビティツアーにはどのようなものがありますか。まず自分で
思いついたものを挙げてみましょう。それからインターネット上で「アクティビ
ティツアー」、「体験型旅行」、「ガイド同行」などのキーワードを検索し、野外で
実施されているものを調べてみてください。そのうちのいくつかについて、ガイ
ドは何の案内をするか、話し合ってみましょう。

　ここまで観光ガイドという職業には様々な種類や形態があることを確認して
きました。多岐に渡るサービスと体験を提供する観光ガイドの役割とコミュニ
ケーションの方法をさらに考察する手立てとして、先に挙げた観光ガイドのう
ち「専門分野に特化したガイド」、中でも野外における自然体験型のツアーガ
イドに注目します。
　「エコ・ツーリズム」、「アドベンチャー・ツーリズム」という言葉をお聞きに
になったことがあることでしょう。世界自然遺産の登録地域をはじめ、日本全
国にある34の国立公園に代表される多彩な自然景観は、観光資源として長らく
インバウンド誘致の対象となってきました (水内 2018)。環境省の後押しによっ
て2016年に「国立公園満喫プロジェクト」というインバウンド促進計画が発足
しました。8つの国立公園において国外での広報、施設改修、Wi-Fi 整備、情
報の多言語化等が進展したものの、民間と連携した利用の質の向上が依然課題
であると国は認識しています (環境省 2021)。民間との連携には交通インフラや
宿泊施設等の環境整備、そして現地の知識を備えた観光ガイドをはじめとする
人的資源の充実が含まれます。自然体験型ツアーガイドは上記の「フリーラン
スの観光ガイド」であることがほとんどで、個人事業主として活動するか、ツ
アー催行会社に登録し、依頼に応じてツアーを担当しています。
　自然体験型のツアーは負担の軽いウォーキングツアーや野生動物見学ツアー
から危険度の高い登山ツアーまで含まれ、アクティビティの強度に応じてガイ
ド内容も異なります。安全対策、地理や気象に関する知識と経験に加え、旅行
者にユニークな体験を提供するための知識や技量、そしてコミュニケーション

能力と、自然体験ガイドに求められる技量は都市部の観光ガイドと比較すると広範囲で負荷が高いように思えます。このようなアクティビティ・ツアーガイドは海外からの旅行者とどのようなコミュニケーションをとっているのでしょうか。2つの事例をこれから見てみましょう。

（1）事例1：知床国立公園・特別保護地区内での英語ガイド

　北海道は特にアジア地域からの旅行者に人気があり、リピーターが訪れることで知られています。2005年にユネスコ世界自然遺産に登録された知床半島には年間約40万人の観光客が訪れており、うち20％が海外からの旅行者であると推定されています。通年で観光が可能ですが、夏季（6月～9月）がピークシーズンです。体験型のツアーとして野生動物観察のウォーキングやクルージング、知床五湖や羅臼湖などの自然景観を楽しむツアーが提供され、一部エリアが閉鎖される厳冬期にも港に着岸する流氷の上を歩くユニークなツアーが注目を集めています。

　知床国立公園は手つかずの自然と豊かな生態系で国内外の旅行者を集めていますが、貴重な環境を守るために持続可能な観光の実践が重要視されています。その方策の1つが環境省による「国立公園特別保護地区」の設定（2011）です。開発や動植物の採取・捕獲を制限し、一般訪問者の立ち入りが制限される区域を設けてガイド付きツアーなどで限定的に見学できる場所もあります。ヒグマの活動期（5月初旬から7月下旬）、知床五湖の遊歩道は人とヒグマの遭遇を避けるため、観光客は入場時に必ずビジターセンター内で講習を受け、環境省認定の有資格ガイド「認定引率者」によるグループツアーに参加することが義務付けられています。この時期には最大10名までのグループを案内する引率者たちが、各グループが一定の距離を保っていることを確認しながら大ループ・小ループの2つのルートのいずれかを案内する業務に1日に1回以上従事します。

　認定引率者は2011年の制度開始以来、環境省と北海道斜里町により毎年募集・訓練が行われ、2023年時点で35名、全員が会社所属か個人事業主として知床地域と周辺地域に住む専業ガイドです。認定カリキュラムは1年間のプログラムで、専門知識の習得と実地訓練が主な内容です。

▶制度理解
　制度概要と危機管理についての訓練

第6章　観光ガイドの対応　91

図6-1　ツアーのルート

出典：環境省国立公園公式 Facebook〈https://www.facebook.com/NationalParksOfJapan/〉

図6-2　事前講習の様子

筆者撮影。

▶専門知識
　ヒグマの生態、行動特性、足跡識別、遭遇回避技術と遭遇時の危機防止
　地理的・時間的認識の学習
　無線通信訓練、緊急時の輸送訓練
▶実地研修
　ヒグマ遭遇事例の共有と検討
　ツアーに同行するインターンの受付・ツアー管理訓練
▶認証後のセッション
　毎年ヒグマシーズン前の注意事項の確認、制度と情報の更新確認

　上記カリキュラムには、年間8万人にのぼる外国人個人旅行者に特化した言語面での講習や実地訓練は含まれていません。認定後の講習でも、外国人旅行者に関する体験事例の共有はなされても英語によるガイディングの指導や指針は含まれておらず、各ガイドに一任されています。よって、英語によるガイディングの内容にはガイドによってかなりの幅があることが予測できます。
　実際にヒグマシーズン期間の英語ガイドツアーの観察事例をご紹介します。以下の内容と考察は筆者がツアーに実際に参加して観察した内容、及びこのツアーの引率者と別の有資格ツアーガイド2名へのインタビューから得たものです。以下がツアー事例の概要です。

▶「知床五湖ウォーキング・大ループ」（約4時間）：知床五湖フィールドハウスから出て五つの湖をすべて巡る全周約3キロのコースを歩きます。
▶ツアー参加者：9名（出身国：中国から3名、オランダから2名、イタリアから2名、日本から2名。外国からの参加者は全員、日本旅行経験があるが知床地域は初訪問。）
▶引率ガイドAさんのプロフィール：ガイド経験約18年でネイチャーツアー会社の所長として他のガイドの育成も担当。

ツアー内容（使用言語は英語のみ）

　参加者をピックアップし、ビジターセンターまで向かう車中からガイディングが始まります。車中から見える景観について説明しながら野生動物を撮影するチャンスを教えてくれます。センターに到着、英語字幕付きの講習動画上映後に双眼鏡を配布し、遊歩道ルートの地図を示しながら行程と注意事項を口頭説明します。Aさん本人は双眼鏡、ヒグマ忌避スプレー、救急セット等のフル装備で、頻繁に他のグループの位置を無線機で確認しながらスタートします。携帯電話は通信環境が圏外のため使用できません。

マルチタスクの遂行

　約4時間の行程において、Aさんは① ヒグマの忌避行動（手をたたいて掛け声をかける）、② センターや他ガイドとの連絡維持、③ ツアー参加者との位置関係の確認、④ 頭上の野鳥や地面のヒグマの糞など参加者の興味を惹くもの探し、⑤ 地質や植生の説明スポットでの解説、⑥ 絶景スポットへ向かう際の演出と写真撮影、⑦ 参加者からの質問に対する個別の回答、⑧ 説明に興味を示さない様子の参加者への個別の声かけ、など多くのタスクを同時に行っていました。参加者とのコミュニケーションという本来のガイド業務に加え、保護地区における付随業務の負担が重いように思えるのですが、快活で誠意を感じさせる態度をツアー終了まで維持し、参加者への強いエンゲージメント（第1章のホスピタリティ・コミュニケーションのCan-Doリスト⑩、⑪、⑫）を感じました。

エンターテイメント性の高い双方向コミュニケーション

　Aさんのガイドで特に印象に残ったのはエンターテイメント性の高さです。知床ならではの地勢や生態系を観察できる見どころ紹介においては、一方的な

説明ではなくまず参加者に質問をします。例えば "Please look at these trees. They've all fallen in one direction. Why, do you think?", "Look at this big hollow inside the trunk. Do you think this tree is still alive? What caused this, can you guess?", "Now, I have a question. This tree has many bear claw marks. This tree only. Can you think of any reasons?", "There is a reason why this lake is so clear, like a mirror. Can you think of any reasons?", 等々。参加者の答えが合っていれば "Exactly! That's great!" とジェスチャーを添えた大きな反応を返します。A さんが立ち止まって皆を呼び寄せると質問が来る、という予測がつき、皆が耳を傾ける準備をする様子がうかがえます。とはいえ、次々と質問ばかりで疲れないよう、参加者を集めるタイミングも準備して練られたものであることがわかります。また一方で恐らく英語が苦手でグループ最後尾に残ることの多い参加者には、撮影スポットで必ず "Shall I take photos?" と声掛けでフォローしていました。エンターテイメント性の強い情報伝達においては、参加者全員がわかるような表現を使用しないと皆が楽しめる雰囲気は損なわれてしまうため、わかりやすい、基礎的な語彙を使用することを心がけ、さらにボディーランゲージで補完している様子がわかりました。言語面でも非言語面でも、ホスピタリティ・コミュニケーションの熟練度の高さがうかがえました。

　また、この保護地区特有の状況として、インターネット通信は使用できません。ネットで調べたり、画像を見せたりということができない代わりに、野鳥図鑑を携帯して質問があれば取り出して該当ページを見せたりする工夫がなされていました。

　このように円滑なコミュニケーションが行われている中でも、「参加者の文化背景が混在していることで、特定の文化背景の人に英語で説明しても通じにくい可能性もある」という状況がありました。初夏のセミの鳴き声が聞こえてきます。セミが身近な存在である日本や中国の参加者には「セミが鳴いている」と瞬時にわかります。しかし欧州出身の参加者には珍しかったようです。「あれはセミ＝cicada という虫ですよ。」と英語で伝えても cicada が指すものに馴染みがないのでイメージするのが難しく、一方で中国からの参加者にとっては cicada という英語に馴染みがないために戸惑っている様子でした。中国語でもセミは「蝉」と書くので文字情報を使えば漢字文化圏の人に寄り添うことができたであろう明確な事例です。

言語混成グループへの対応

　ツアー後にＡさんに英語使用について苦慮する点について尋ねると、言語混成グループへの対応が課題であることがわかりました。「お１人で参加する海外のお客さまに対応するのは難しいですね、ツアーは約４時間続くからです。また、予約なしで飛び入り参加される方も当然いらっしゃいます。日本語と英語をどれくらいの割合で使うのかは直前までわかりません。」この認識は別の認定引率者（台湾出身）へのインタビューにおいても共通していました：「中国語と日本語の両方を使うとき、これが一番大変ですね。特に日本人のお客さんの方が少ないとき、もし中国語の方をたくさん使って日本語での説明が少ないと、日本人のお客さんから不満が出るかも、と心配になります。だから、（2言語以上の混成グループになりそうなときは）日本人のお客さんはお断りすることもあります。」グループでの体験型ツアーは、グループ・ダイナミクス（参加者間の相互作用や雰囲気）が体験への満足度に影響する可能性があり、ガイドの裁量のみでは対処が難しい場合があると推測できます。

　様々な出身地からのツアー参加者と経験を共有できる短時間のグループ行動は肯定的な旅行経験になり得ます。一方、言語の違いにより情報の伝達に差が生じると、参加者間で体験の質に不平等が生じる可能性があります。特定の言語グループにのみ詳細な説明が行われると、他の参加者の不満につながるかもしれません。野外でのアクティビティは、言語の壁を超えて参加者が交流できるような視覚的または体験的な活動が盛り込まれていますが、これに加え、インタビューしたガイドはそれぞれ、文化的仲介者として言語の面でもツアーグループの一体感を形成するべく苦慮していることがうかがえました。

英語スキル向上のための有効な訓練

　また、Ａさんは英語ガイド業務のための有効な訓練の場として、グローバルな環境での訓練の必要性を感じています。「（私は）マネージャーとして、自分のオフィスのガイドに英語スキルを身につけさせる訓練をすることが不可欠だと思います。私は以前、英語圏のツアー会社で１年間働いた経験があります。同僚たちにも同様の機会があればいいのですが。」ガイドは単独で業務に就くことが多いため、ホテル勤務者や店舗、観光案内所など、他の英語を使用する観光サービス従事者と比較して自分のパフォーマンスに対して同業者から評価を受ける機会が少ないと思われます。別の認定引率者へのインタビューではこ

のようなコメントもありました。「（私は）自分の英語力と英語ガイドのノウハウを自分の資産だと考えてるんです。簡単に（同業者と）共有することには抵抗がありますね。」観光ガイドの仕事は、観光地振興という目標を共有する仲間であると同時に個人レベルでは顧客獲得競争のライバル関係にあるのです。

（2）事例 2：野外のアクティビティツアーにおける英語ガイド

こちらも北海道の自然を満喫するアクティビティツアーの参加事例です。場所は札幌近郊の定山渓です。定山渓は国立公園には含まれませんが、地理的には支笏洞爺国立公園に近接しています。北海道を代表する温泉地の 1 つとしても有名で、温泉、紅葉、雪景色など、四季を通じて楽しめる札幌からアクセス良好な観光地として人気があります。

以下がツアー事例の概要です。

▶「雪見ラフティング」（約 2 時間）：ボートに参加者がグループで乗り、息を合わせてパドルを漕ぎながら冬の豊平川を下ります。温泉の影響で冬でも川は凍らず、野生生物や氷瀑も見ることが出来るユニークな体験をグループで共有します。
▶ツアー参加者：6 名（出身国：カナダ、エジプト、ジンバブエ、オーストラリア、日本。日本人以外の 4 名は調査モニターツアー協力者として参加。全員札幌市在住 1 年以内で日本語は日常ほとんど使用していない。）
▶ガイド B さんのプロフィール：ガイド経験約10年。スキーを楽しむことを主目的としてアメリカの大学に 1 年間交換留学。スキーやカヤックに親しんだ経験からアクティビティ・ツアーガイドになり、現在はアクティビティ運営会社代表。ツアーリーダーとして他のガイドの育成も担当。

ツアー内容（使用言語は英語のみ）

このアクティビティツアーは参加可能年齢が 3 歳からと、参加制限は最も緩いものです。集合直後の B さんの英語での第一声は "First, I think you should change your boots, like up here. So, what's your shoe size?" 川までの短い車中で B さんによる定山渓の解説が始まり、全員がパドルを手に一隻のボートに乗りますが、事前に簡単に漕ぎ方を学びます。両岸の雪景色を鑑賞しながら時折 B さんの "Okay, let's start paddling." の合図で一緒にパドルを動かします。B さんはドローンを操作して上空から動画を撮影します。30分ほどで定山渓ダムに近づくと岸に上がり、参加者は休憩しますが B さんはドローン撮影

図6-3　ツアー風景
出典：フリルフスリフ社ウェブサイト。

やおやつの焼きマシュマロの準備で大忙しです。参加者は雪原の上に皆で仰向けになったり、Bさんの"Say bye-bye!"という声に促されてドローンに向かって何度も手を振ったりで撮影セッションが終わると、再びボートに乗って同じルートを戻ります。行程中に参加者から野鳥や冬以外の定山渓の景観やアクティビティメニュー等の質問があり、Bさんは全てにリラックスした雰囲気で答えます。まもなく出発地点に戻り、ボートから降りてドローンが撮影した鮮明で雄大な光景を鑑賞、データをもらってツアーは終了となります。

ツアーの模様は筆者が録画し、ツアー後にデータを見ながら、参加者4名とガイドのBさんに個別にインタビューを行いました。以下はこのインタビュー内容を踏まえた考察です。

ガイドの簡潔な表現使用への評価

ガイドの英語を使用したコミュニケーションの内容を参加者全員が高く評価しています。その理由は「簡潔な言葉遣いをしていたから」です。「ガイドは簡潔な言葉を使っていた。多様な文化的・言語的背景を持つ参加者にとって効果的だった。（エジプト出身の参加者）」や、「明瞭な説明で情報を得やすかった。（ジンバブエ出身の参加者）」と、基本的でシンプルな情報伝達を肯定的に捉えています。ガイドのBさん本人は自身の英語力について、「本当に最低限で、しかも合ってるか合ってないかわかんないような、とりあえず伝えればいいっていうあれなので」と低評価を下しているのですが、「とりあえず相手に伝える」という目標をBさんは達成できているという裏付けを得られていることになります。

「とりあえず伝わる」コミュニケーション能力について、さらに参加者から興味深いコメントがありました。「ガイドのコミュニケーション能力には最低限のレベルのようなものがある。それを超えてさえいれば満足度には大きな影

響はない。」と明言しています。この一定のレベルとは、「ガイドが参加者の質問に耳を傾け、理解して答えられるかどうか」にあるようです。つまり、質問や問いかけに対して聞く姿勢を見せて回答してくれる限りツアー客は満足し、ガイドが使用する語彙・表現は問題ではない、ツアー客はそう考えているということです。Bさんによる非常に簡潔な意思伝達の方法の一つですが、ドローン撮影のために遠く離れた距離から "Say bye-bye! Bye-bye!!" と何度も呼びかけられました。これは手を振る仕草を促すものだったのです。しつこいほど呼びかけることでツアー客が手を振り続けさせ、結果良い動画が撮影でき、被写体である参加者の購入意欲も高めることにつながります。単純な呼びかけですが、後の顧客の満足度につながるコミュニケーション手法例だと言えるでしょう。

アクティビティレベルと言語コミュニケーションとの関連

Bさん曰く「最低限」の英語でのコミュニケーションですが、使用する表現に加えて、コミュニケーションの分量も抑制されている印象がありました。例えばボートに乗り込む際の安全対策の事前注意もありませんでした。事例①で紹介した知床でのウォーキングツアーの認定引率者とは対照的です。控えめなコミュニケーションについては「アウトドアツアーは自然を楽しむための静寂も需要（オーストラリア出身の参加者）。」とむしろ肯定的に捉える意見でした。ガイドのBさん本人はアクティビティの種類によってコミュニケーションスタイルを変える必要があると考えています。「リスクが上がることによって、その言語っていうか、その説明のその仕方というか、つまり制限が強くなるっていうイメージですかね……時と場合によっては死んじゃうリスクもあるので、そこへのリスクヘッジっていう意味でこれはしないでください、ここは絶対行かないで、これはやらないで、っていうのはそのマストで説明……反比例してるって感じですか。」これは、他の分野の体験型ツアーには見られない、野外のアドベンチャーツアーならではガイドのコミュニケーションルールと言えそうです。

観光客の経験に地元のガイドが与える付加価値

言語以外での面についても考えましょう。満足度の高いツアーにおけるガイドの貢献点はどのような要素が考えられるでしょうか。一つには定山渓をベー

スにしたBさんの、地元アクティビティガイドが提供するオーセンティシティ (authenticity：真正性) です。「ローカルの知識と経験を重視する。」と述べた参加者は、同一内容のアクティビティツアーに参加する際、もしも地元ガイドBさんか、仕事で派遣された英語を母語とするガイドのどちらかで選べると仮定しても、必ずBさんを選ぶそうです。この価値観は、地元の人による文化体験にauthenticityを見出す他の形態のツアーと共通点があるかもしれません。ユニークな自然景観におけるアクティビティは、地元のガイドと経験を共有することで付加価値を増すことが確認できました。

 エクササイズ ②

自分のなじみ深い地域、施設、観光名所などにおいて、無償で英語でボランティア観光ガイドを務めることになったと想定してください。時間は3時間です。お客さんは地元のガイドさんお勧めの経験を楽しみにしています。具体的にどんな場所に案内して、どんな説明をし、何をすることをお勧めしますか。またなぜそれがお勧めなのか、理由を口頭で説明してみましょう。

3 観光ガイドを目指す方へ

 Warm up Q

・観光ガイドに求められる重要な資質は何だと思いますか。言語能力、専門知識、コミュニケーション能力など、様々な観点から考えてみてください。
・あなたが外国を訪れる際、地元のガイドと日本人ガイドのどちらを選びますか。その理由は何ですか。

　ここまで読んで、みなさんの「英語を使用する観光ガイド」に対するイメージや意識は変わりましたか。通訳案内士の資格を持って外国語を自在に使いこなすガイドのイメージが先行するかもしれませんが、英語の運用能力は優れた観光ガイドの資質を構成する必須スキルであってもそれだけでは不十分です。外国人旅行者の多くは英語が母語ではありません。また、全員が同一の地域の出身で同じ文化背景を持っているとは限りません。グループ内の多様性に配慮

し、簡潔でわかりやすい表現の使用を心がけましょう。簡潔な英語表現・基礎的な語彙への言い換え練習は有効かもしれません。参加者からの質問には、言語の面で自信がなくとも誠実に耳を傾け、反応を返すことができれば言語の面でのホスピタリティ・コミュニケーションは成功したと言えるでしょう。言語で至らない部分を補うためにも、非言語コミュニケーション（ボディランゲージ等）を効果的に活用する訓練をしましょう。

　地元ならではの知識と経験を活かした authenticity のある案内は、ガイドの付加価値を高める重要な要素です。自分の得意分野の知識の維持や向上を目指せば、私たち全員に満足度の高い観光ガイドサービスを提供できる可能性があるということです。観光ガイドとしてのキャリアのスタートとして、負荷が比較的軽いボランティアガイドを体験することから始めることをお勧めします。観光ガイドに求められるホスピタリティ・コミュニケーションを実践、習得する良い機会になることでしょう。

第6章のポイント

▶観光ガイドが活躍する場面と提供できる経験は極めて多岐にわたる。

▶観光ガイドは一定の時間を複数名からなるグループと過ごすため、参加者の文化や英語使用の多様性に配慮し、グループの一体感形成に努めるべきである。

▶アクティビティツアーなどの体験型観光では、ガイドの authenticity＝地元ならではの視点や経験が旅行者の満足度を高める。

▶総合的英語力を伸ばすことは必要であるが、特にジャスチャーを伴った応答練習、簡潔な英語表現への変換訓練は有効であろう。

参考文献

環境省（2021）「国立公園満喫プロジェクトの今後の進め方」，環境省ウェブサイト〈https://www.env.go.jp/content/900500954.pdf〉2024年8月4日閲覧。

総務省（2009）日本標準職業分類，e-Stat〈https://www.e-stat.go.jp/classifications/terms/20/02/421〉2024年8月4日閲覧。

水内佑輔（2018）「国立公園におけるインバウンド観光の系譜——本多静六，国立公園の誕生から満喫プロジェクトへ——」日本森林学会『森林科学』82（0），9-12。

Cohen, E.（1985）"The tourist guide : The origins, structure and dynamics of a role", *Annals of Tourism Research 12*（1），5-29.

Holloway, C.（1981）"The Guided Tour—A Sociological Approach", *Annals of Tourism Research, 8*, 377-402.

100 　第Ⅲ部　現場でのホスピタリティ・コミュニケーションの実態

Pond, K. L. (1993) *The professional guide : dynamics of tour guiding*, New York : Van Nostrand Reinhold.

Weiler, B. & Davis, D. (1993) "An exploratory investigation into the roles of the nature-based tour leader", *Tourism Management, 4* : 12.

（宮本節子）

第7章
観光案内所：人と観光の交差点

 この章で学ぶこと

新しい街についたとき、観光案内所に行くことがあるでしょう。観光案内所は、地元の最新情報を収集するには最適な場所です。これは海外からのお客さまにとっても同じこと。様々なお客さまのご要望にスタッフは流ちょうな英語で対応しているはず…。そんな観光案内所の現場をのぞいてみましょう。実際にどのような要望が多く、どのように対応しているのか、などを概観しながら、観光案内所に求められている役割を考えていきましょう。

1　観光案内所の役割──訪問者を地域に引き込むエントリーポイント

Warm up Q

観光案内所には地図やパンフレットなど地域の観光情報がたくさん置いてあります。その他にもツアーの申込ができたり地元産品を販売したりしているところもありますね。観光案内所にはどのような役割があるのか考えてみましょう。

(1) 観光案内所のホスピタリティ・コミュニケーション

ホスピタリティ・コミュニケーションの代表的な場所としては、まずホテルやレストランが思い浮かぶことでしょう。一般的に、ホテルは料金に見合ったサービスという原則が当然視（費用と期待の関係）されるビジネスで、ホテルのランクによって対応が異なると理解されています。この対応にはコミュニケーションも含まれ、スタンダードホテルではシンプルな英語も許容されるのに対して、高級ホテルでは丁寧で高度な英語が必要とされます（詳細は第4章を参照）。そのため、ホテルと一口に言っても、施設によって使う単語や表現の幅がかなり広いことがわかるでしょう。

これに対して、観光案内所の役割は、来所者とのコミュニケーションを通じ

102 第Ⅲ部 現場でのホスピタリティ・コミュニケーションの実態

て必要な情報やサービスを提供し、旅行経験全体の満足度を高めることが期待されています。言語対応などで不自由を感じさせないだけでなく、多様な日本の魅力を伝える観光案内やホスピタリティに富む対応が求められています（観光庁 2023）。

　観光案内所の利用は原則無料で、基本的な情報提供業務に「費用と期待の関係」は想定されておらず、むしろ「公平・中立な観光案内を行うこと」が重要な指針とされています（観光庁 2023）。利用者についても、ホテルが一定程度の金銭的文化的背景の同質性を想定している（「うちのお客さまはこういう人」）のに対して、観光案内所はより（金銭的にも文化的にも言語的にも、障害の有無、旅行の目的についても）多様な利用者像を想定していることが特徴的と言えるでしょう。

（2）国内の観光案内所の役割と分類──訪日旅行者を迎える拠点

　観光庁の調査によると、2023年1月時点で1514カ所の外国人観光案内所が認定されています（観光庁 2023）。外国人観光案内所の運営主体や設置場所は一様ではありません。運営主体が地方公共団体や地域の観光協会などの案内所が7割近くを占めていますが、交通事業者や宿泊施設などの民間事業者によって運営されているものもあります。設置されている場所も、国際空港や有名な観光地に立地するものもあれば、地方の最終目的地に立地するものもあります。

　このように多様な観光案内所の質の向上と担保を図るため、2012年度に外国人観光案内所の認定制度が導入されました。同制度では、地域の実情に応じた柔軟な運営がなされるべきとしつつも、観光案内所に求められる機能、立地場所、目標の観点から3つのカテゴリーに分類しました。2023年に改訂された最新の指針によると、各カテゴリーは次のように示されています（観光庁 2023）。

　まず、カテゴリーⅠは、各市町村レベルで、最終目的地となりうる場所に立地し、地域内の交通や観光情報を提供する地域情報拠点です。カテゴリーⅡは、都道府県レベルや交通結節点などに設置され、ローカルな情報に加えて広域的な案内業務を担い、旅行者を「次の目的地」に橋渡しする広域情報拠点です。カテゴリーⅢは、訪日旅行者が最初に訪れる国際空港や特に著名な観光地など訪日観光の拠点となる場所に設置され、カテゴリーⅠ、Ⅱが提供する情報に加えて、全国の観光情報を提供し全国への送客を促す機能が期待されています。

　同指針では、各カテゴリーで期待される多言語対応のレベルも決めています。いずれのカテゴリーでも、基本的に英語による観光案内が中心で、カテゴリー

第7章　観光案内所：人と観光の交差点　　103

表7-1　観光案内所のカテゴリー

カテゴリー	設置場所	機能	英語対応
カテゴリーⅠ	各市町村レベルで、最終目的地となりうる場所	地域内の交通や観光情報を提供する地域情報拠点機能	英語による対応が常時可能な体制（ビデオ通話、多言語翻訳システム、電話通訳サービスの利用可）
カテゴリーⅡ	都道府県レベルや交通結節点など	ローカルな情報に加えて広域的な案内業務を担い、旅行者を「次の目的地」に橋渡しする広域情報拠点機能	英語による対応が可能なスタッフによる対面またはビデオ通話による同時双方向的な案内が常時可能な体制。
カテゴリーⅢ	国際空港や特に著名な観光地など訪日観光の拠点となる場所	全国の観光情報を提供し全国への送客を促す機能	英語による対応が可能なスタッフが常駐している。

出典：『外国人観光案内所の設置・運営のあり方指針』（観光庁）（https://www.jnto.go.jp/projects/visitor-support/tic-certificate/）をもとに筆者作成。

Ⅰでは、必ずしも多言語スタッフが必置ではなく、翻訳システムの利用でもよいことになっています。一方、カテゴリーⅡでは、対面やビデオによる同時双方向的な案内が常時可能な体制が求められ、カテゴリーⅢでは、英語スタッフの常駐に加えて、英語以外の2言語以上でも常時案内が可能な体制が求められています。[2)]

2　来所者の目的別対応法──情報、冒険、そして交流

(😊) Warm up Q

観光案内所を訪れる人々はどのような目的を持っているでしょうか？　具体的な来所目的をいくつかあげ、それぞれの特徴や対応方法を考えてみましょう。

　観光案内所を訪問する人は実に多様な目的で来所します。ここでは最も一般的で数の多いカテゴリーⅠやⅡの案内所を想定し、第1章で説明されているホスピタリティ・コミュニケーションのCan-Doリストにも言及しながら見てみましょう。[3)]

　このような観光案内所への来所目的は主に3つに分類されます。1つ目は、

特定の情報を収集すること（例：「○○行きバス停はどこですか？」）。２つ目は、広範な情報を収集すること（例：「半日あるけどどこか良いところはありませんか？」）。３つ目は、地元の人との交流を楽しむこと（例：私が別の町に旅行した時の写真見ますか？）。これらの目的は同時に、または連続的に出てくることもあるので注意しましょう。

（1）的確な情報提供術——特定情報を求める来所者への対応

特定情報の収集は、来所前に既に知りたい情報が決まっている場合です。この場合、来所時の質問は言語的な難しさがあったとしても逡巡することなく次々と出てきます。事前に知りたい情報がわかっているため、手持ちのスマートフォンの画面、パソコン画面の印刷、自筆のメモを提示する形で質問することもあります。このような要望に対しては、なるべく迅速で正確な対応が求められてきます。以下の例を見てみましょう。

> スタッフ：Hi, こんにちは.
> 利用者　：Hi, I want to go to Sake museum and how can I ...uhm...
> スタッフ：OK. Sake museum. You take bus number 16. This is the map. You are here now.
> 利用者　：OK. And get off when?
> スタッフ：You get off here. There is English announcement in the bus.
> 利用者　：Oh. That's good! Thank you very much.
> スタッフ：You're welcome. いってらっしゃい！

まず気がつくのは、初めのあいさつに日本語を使っていることです。旅行者の中には日本語ができる人もいますし、覚えたての日本語を使ってみたい、という思いの方もいることでしょう（観光場面での日本語の役割については、第3章、第5章を参照）。しっかりと要望を（しかも無料で）聞いてくれる観光案内所は格好の日本語実践の場所とも言えそうです。ただし、英語で素早く情報収集をしたい、という要望を持つ人がいることも容易に想像がつくと思います。この英語日本語交じりのあいさつと笑顔には、コミュニケーションで使用する言語を利用者に決めてもらうという意図がこめられているのです。**アプローチの演出**（Can-Do ⑥）から言語選択がスムーズにつながっていることがわかります。

次に利用者の質問が完全な文となっていないにもかかわらず、スタッフはその意図を理解して的確に答えていることにも気がつきます。これは質問の英語

表現の不完全さが必ずしも情報提供を妨げるわけではないことを示しています。"Museum"や"Bus"といったキーワードから、スタッフは日常的に対応している人気観光地への行き方についての質問であると容易に意図を把握できました。そこで、時刻表を見せるとともにバス停の場所を指し示しています。

　また、ここでは「繰り返し」というテクニックもみられます。これは共通語として英語が使用される際に頻出するものです（Vettorel 2019）。相手の言葉の言い方のニュアンスを変えて繰り返すことで、「その言葉が聞こえています」、「あなたの意図を理解しています」、「私の理解で正しいですか？」、などの複雑な意味を伝えることが可能となります。

　このように案内所でよく聞かれる特定情報の収集が目的の場合には、質問する側もされる側も、英語力にかかわらず、かなりスムーズにコミュニケーションができることがわかります。

　一般的に、観光案内所でのコミュニケーションの多くはこのような特定情報の収集です。しかも有名な観光地への行き方がほとんどを占めるといって良いでしょう。そのためよくある質問についてはあらかじめ表現や資料を用意しておくことが重要です（情報提供の準備と提供：Can-Do ⑩）。質問と回答が予想できれば、定型文で対応できることが多くなるので、練習の成果が出やすいのは嬉しいですね。ただし、覚えていることを話すだけになると、早口になりがちです。そのため相手の英語力を勘案し、相互理解できていることを確認しながら話すようにするとよいでしょう。

（2）多彩なニーズ対応術──広範な情報を探る来所者への対応

　広範な情報収集は、特定の情報を求めているわけではなく、会話を通じて利用者が興味を持てそうな事柄を探すというニーズの察知と提案（Can-Do ⑨）の形式です。スタッフは利用者の使える時間、性別、年齢などの情報をもとにいくつかの選択肢を提示し、利用者の反応を見ながらニーズを把握します。その上で、利用者の興味を引き出せるような新たな選択肢を提案するという流れで会話が進行します。

スタッフ：Hello, こんにちは.
利用者　：Hello. I'm visiting this city for the first time and would like to know what kind of things we can do here. But not the Zoo（笑顔）.

106 第Ⅲ部 現場でのホスピタリティ・コミュニケーションの実態

スタッフ：How long are you staying?
利用者 ：Just one day. We want to something before dinner. Oh, we came here by bicycle, by the way（笑顔）.
スタッフ：What time are you leaving tomorrow?
利用者 ：Tomorrow morning. Early.
スタッフ：OK. Well, it's after five pm, so most places are closed. You can go to the garden near the river. This is the map. You can walk or go by bicycle. It's very beautiful this time of the day.
利用者 ：That sounds good. Thank you.

　まず旅行者は具体的な情報を求めているわけではなく、一般的な質問をしていることに気がつくでしょう。「何ができるか」という問いかけで、広範な情報を収集しようとしています。このような対応を求めている利用者だからといって、有名な観光地に興味が全くないということはないでしょう。しかしここでは、この町の有名観光地の一つである動物園には興味がないことをあらかじめ伝えています。紋切り型のおススメは拒否しようとしている態度が見えてきます。

　それに対して、スタッフは利用者の滞在時間を尋ねることで、どのような提案が適切かを判断しようとしています。これに対して、利用者は滞在時間が短いことを伝え、さらに自転車で来たことを追加情報として提供しています。スタッフはさらに具体的な出発時間を尋ねることで、提案できるアクティビティの時間帯を絞り込んでいます。スタッフは現在の時間が午後5時過ぎで、多くの場所が閉まっていることを伝え、その上で駅近くの庭園を提案しています。自転車で観光地を回っているというアクティブな感性に応えようとしているとともに、旅行者が短時間で訪れることができる場所を提供していることがわかります。

　この会話には、「広範な情報収集」への対応の特徴が良く現れています。スタッフは利用者の反応を見ながらニーズを把握し、最適な選択肢を提示しています。このような流れの背景には、地域情報の確かな知識はもちろんのこと、「適切な順番で適切な質問をする」という利用者のニーズを引き出していく能力が重要となっていることがわかるでしょう。

　このように広範な情報収集を目的とされている方には、まず、オープンクエスチョン（「はい」「いいえ」では答えられないような質問）を活用するとよいでしょう。「どのようなことに興味がありますか？」や「今日はどのくらいの時間が

第 7 章　観光案内所：人と観光の交差点　107

ありますか？」といった質問が有効です。また、利用者が特定の観光地に興味
がない場合は、単に「人気がある」という観点からでなく、パーソナルな体験
を提供するよう心掛けてみてください。複数の選択肢を提示し、利用者自身に
選んでいただくと、特別な対応をしてもらえたと感じてもらいやすいようです。
このようなコミュニケーションを共同的発話構築 (co-constructing statements) と
言いますが、観光案内所でよくみられることが国際的にも報告されています
(Wilson 2018)。
　さらに、提供する情報は視覚的な資料 (地図やパンフレット) を活用し、視覚
と聴覚の両方から情報を伝えるようにしましょう。これにより、誤解を防ぎ、
利用者が自信を持って行動できるようサポートします。ただし、他の利用者が
窓口利用を待っている場合もあります。視野を広く持ち、対応の優先順位をつ
けながらも丁寧な対応を心掛けるとよいでしょう。

（3）交流を楽しむ会話術
——地元の人とのコミュニケーションを求める来所者への対応
　来所者は必要な情報を得た後に、あるいは質問の途中で、自分の出身地やこ
れまでの旅行経験を話したり、スタッフに個人的な質問をしたりすることがあ
ります。これは、案内所を単なる情報収集の場としてではなく、地元の人とコ
ミュニケーションを楽しむ場として認識していることを示しています。

利用者	: This town is very beautiful. I love it. It is kind of look like the city I visited Europe last year.
スタッフ	: Oh, Europe? Very nice.
利用者	: Yeah, do you want to see some pictures? I took too many pictures （笑顔）
スタッフ	: Too many pictures （笑顔） OK. Can I see them?
利用者	: Of course, of course. Here. Budapest. You know, in Hungary.
スタッフ	: Oh, how nice. Budapest.

利用者は必要な情報を得た後、自分の旅行経験について話し始めます。地元の
観光情報の収集と無関係な、自身がヨーロッパを訪問した際の思い出話を共有
し、スタッフはそれに肯定的に反応することで友好的な対応をしています。
　このような「スモールトーク (雑談)」は定型文での対応ができないことから
スタッフにとって言語的に「難しい」と感じられやすいものです。しかし、しっ

かりとしたコミュニケーションができた場合、利用者にとっては単なる情報探索の成功以上の満足感が生まれる非常に価値の高い体験となり、スタッフにとっても喜びを感じる瞬間となることでしょう（Nikolich & Sparks 1995）。

こうした会話は、利用者とスタッフの間に親近感を生み出し、信頼関係を築く手助けともなります。観光案内所は、訪れる人々にとって地元の文化や雰囲気を感じ取る場でもあり、スタッフとの温かい交流が来訪者の観光体験を豊かにします。このような交流が頻繁に行われることになれば、観光案内所は単なる情報提供の場を超えた重要な役割を果たすことができそうです。

以上を考えると、地元の人との交流を目的とした利用者とのコミュニケーションを円滑に進めるためには、適切な相槌や驚きを示す表情、相手の言葉を繰り返すといった具体的なテクニックを活用し、利用者が話しやすい雰囲気を作ることが重要です。利用者の話に対して共感を示し、興味を持って聞く姿勢を持つことで、親近感を高めることができるでしょう。

ただし、②の広範な情報収集の際と同様に、他に待っている利用者がいないかの配慮も必要です。特に忙しい時間帯には、会話が長引かないように適切なタイミングで話を切り上げるスキルも重要です。一旦待っている方に目線を送って挨拶するというのも良いかもしれません。いろいろな工夫をすることで、丁寧で温かいコミュニケーションを実現しましょう。

エクササイズ ①

地域の観光案内所を訪問してみましょう。どのようなサービスが提供されていますか。多言語対応の状況はどうでしょうか。他の利用者はどんなサービスを利用していますか。どのくらいの人が窓口を利用していますか。滞在時間はどのくらいですか。いろいろな観点から観察してみましょう。これに対応するスタッフの様子も観察してみましょう。

3 現場の会話の実践分析
——観光案内所のホスピタリティ・コミュニケーション

Warm up Q

観光案内所では、どのようにして利用者のニーズを把握し、適切な情報を提供しているのでしょうか？　その具体的なコミュニケーションの流れを考えてみましょう。

　ここまで観光案内所でのコミュニケーションの特徴を概説してきました。本節では実際にあった事例を取り上げます。現実のコミュニケーションがどうなっているのか**表7-2**で細かく見てみましょう。

　この事例では、利用者がバスの時刻やバス停の場所、降りるバス停について尋ねています。このような交通案内は、同案内所での対応の大部分を占めており、スタッフの経験も豊富な分野と言えます。コミュニケーションの流れは典型的であり、スタッフは日本語と英語の両言語で声をかけ、利用者が英語でのコミュニケーションを選択します。その後、利用者は質問を繰り返し、それに対してスタッフは必要な確認や資料を適時示しながらスムーズに情報を提供しています。利用者が使う英語は、母語の影響を受けた発音や言いよどみなどによる不完全な文、不定形な表現、非標準の文法構造が見受けられる点も確認できます。

　非言語のコミュニケーションも重要な役割を果たしています。まず、ジェスチャーと表情の重要性はわかりやすい点です。スタッフが頭を傾けたり、うなずいたりする動作は、理解の確認や情報の強調に役立っています。利用者も頭を傾けたり身を乗り出したりすることで、自分の意図を明確に伝えようとしています。さらに、視覚的な資料提供も重要です。スタッフが時刻表を指差したり、丸を付けたりすることで、情報を視覚的にも伝えています。これは、言葉だけでは伝わりにくい情報を補完するだけでなく、案内所を離れた後にも情報を確認できる資料となります。

　この対話では、両者が比較的シンプルな英語を使用し、非言語的な手段も活用しながら質問、回答、確認、再質問、といった流れを繰り返していくことで、

110　第Ⅲ部　現場でのホスピタリティ・コミュニケーションの実態

表7-2　ある観光案内所におけるタイ人20代カップルとスタッフによる
コミュニケーション事例

話している人	会話文	ジェスチャー	何をしているのか
スタッフ	Hi. こんにちは.	微笑む	使用言語の特定
利用者[男性]	Hi, I'm going to the Zoo? You know which bus is....	カウンターに身を乗り出す	質問をする
スタッフ	Yes?	頭を少し傾け、直接のアイコンタクトを避けながら訪問者を見る	質問を確認
利用者[男性]	You know which bus should be....	言いよどむ	質問をする
スタッフ	OK. So this is the bus schedule, and the next bus is at 10：40.	微笑む、うなずく、バスの時刻表を取り出し、次のバスの時間を指差す	質問の把握、情報・資料の提供、記入しながら説明
利用者[男性]	10：40	うなずく	理解の確認
スタッフ	Yes, at number 6 bus stop, just outside.	うなずく	理解の確認
利用者[男性]	10：40. Number six outside. OK... Just outside, right?	窓の外を見て、スタッフを見て確認する、少し頭を傾ける	理解の確認
スタッフ	That's just there.	バス停の方向を指差す	情報・資料の提供
利用者[女性]	It will be the last stop, is it? Which stops the... After the .... Which stop will it be?	時刻表を指差す、時刻表の時間をなぞる	質問をする
スタッフ	At the last stop, yeah.	時刻表の時間に丸を付ける	情報・資料の提供
利用者[男性]	Last stop. OK, sure. OK.	うなずき、時刻表を受け取る	理解の確認
スタッフ	Thank you.		見送りの声掛け
利用者[男性]	Thank you very much. Sure. OK.		感謝を示す

出典：筆者作成。

効果的なコミュニケーションを実現しています。観光案内所のスタッフは、利用者が必要な情報を正確かつ迅速に得られるよう配慮しており、その結果、双方にとって満足のいくやり取りが行われています。このような実践事例は、観光案内所におけるコミュニケーションの重要な要素を具体的に示しており、実際の業務においても参考となるでしょう。

第7章 観光案内所：人と観光の交差点 111

表7-3 スタッフと利用者のコミュニケーションの特徴

区分	特徴	詳細
両者	母語の影響と基本的な表現の使用	両者とも母語の影響を受けた発音が見られた。また使用されている英語は基本的な表現に限られており、複雑な文法や豊かな語彙はあまり見られないが、必要な情報を引き出すためのコミュニケーションが十分に行えていた。
スタッフ	シンプルな英語表現	非常にシンプルで、簡潔な言葉を使用することで、利用者の英語力にかかわらず、誤解が起きにくいように工夫している。
	確認と指示	"Yes?" や "OK" といった短い確認表現を多用し、利用者の理解を確認しつつ次に進むための合図を送っていた。
	非言語的サポート	非言語的なサポート（時刻表を指差す、丸を付けるなど）を積極的に活用し、情報を視覚的に伝えていた。
利用者	不完全文の使用	不完全な文（例："You know which bus is..." "You know which bus should be..."）が使用されていたが、これは非ネイティブスピーカーにとって一般的な現象と言える。コミュニケーション上の障害になっていない点に注目したい。
	確認のための質問	"Just outside, right?" や "Ah, which stop?" といった明確化を求める質問が多く見られ、情報を正確に理解しようとする努力がうかがえた。

出典：筆者作成。

　ただし、この会話は特定の情報収集を目的としていましたが、利用者が広範な情報収集や地元の人とのコミュニケーションを求めている場合には簡潔な受け答えがかえって不満につながる可能性もあります。なぜなら、利用者がパーソナルなコミュニケーションを期待していたにもかかわらず、スタッフが効率的な情報提供を重視していると、利用者に「紋切り型の対応をされた」という印象を与えてしまうことがあるからです。

　このコミュニケーションのズレは、利用者の具体的な要求が明確でない場合に顕著になりがちですが、スタッフの経験や「慣れ」も影響していることがあるようです。実際に、この事例のような特定情報の収集を目的とした利用者は多いですが、あまり決めつけすぎないようにすることも重要でしょう。表7-3は、先ほどのスタッフとタイ人カップルの対話（表7-2）の特徴をまとめたものです。ぜひ参考にしてみてください。

エクササイズ ②

自分が働く(働きたい)街の観光案内所をなるべく具体的に想像してみましょう。周辺の観光スポット、歴史的背景、季節ごとの見どころ、お客さまの出身地、年齢層、言語、旅行の目的、どのような質問がよくされると思うのかなどを考えてみましょう。そこでのコミュニケーションにはどんな特徴があるでしょうか。それに対応するにはどのような訓練が必要でしょうか。

コラム　AI を利用した観光英語の勉強方法

　AI の進化が私たちの生活に多くの影響を与えています。観光業界でも、AI の活用が期待されています。例えば、AI を使えば、多言語対応やサービスの効率化が可能となり、外国人旅行者とのコミュニケーションがスムーズになるでしょう。音声翻訳機やチャットボットの利用によって、言葉の壁を越えた楽しい観光体験が提供できるかもしれません。

　しかし、AI の進化が人間らしいコミュニケーションに及ぼす影響についても考える必要があります。観光業界では、人の温かさや心遣いが重要です。そもそも地元の人と交流したいという要望への対応が求められた時、AI がその役割を代替するのは難しいでしょう。

　一方、生成 AI は語学学習にも活用されています。観光業界では外国語スキルが必須です。生成 AI を使えば、学習者のニーズに合わせてカスタマイズされたコンテンツを提供することも可能です。特定の観光地での会話をシミュレーションしたり、実際の観光シーンをピンポイントで想定したロールプレイもかんたんに練習でき、実践的なスキルを身につけることができます。

　観光業界での語学スキル向上は、サービスの質を高めるだけでなく、異文化理解やコミュニケーション能力の向上にもつながります。生成 AI を活用した語学学習は、これらの能力を効果的に育てるための有力な手段となるでしょう。

4　効果的な観光英語の習得法——リアルな現場で動けるために

 Warm up Q

観光の現場でスムーズにコミュニケーションを取るためには、どのような練習をすると良いでしょうか？　効果があると思う方法とその理由を考えてみましょう。

　観光英語（観光 ESP）の学習には、観光の現場におけるコミュニケーションの特徴やニーズを考慮に入れることが重要です。具体的には、一般的な場面別の定型表現の練習に加え、本章で見てきたような実際の現場でのコミュニケーションを想定した取り組みが有効です。まずは、次の3点を考えることから始めましょう。

「正しい英語」にとらわれない

　現場では教科書と異なり、母語の影響を受けた英語、非定型表現、非標準文法の英語が多用されています。そのため、現実を反映した「正しい英語」にとらわれないトレーニングを導入することが求められます。具体的には、自分の現場に多く訪問される国の人が英語を話している動画や音源の視聴（Kawashima 2020; Miyamoto & Watanabe n. d.）、キーワードのみから発言の意図を推測する練習などが考えられるでしょう。ただし、これは利用者のニーズを理解するための受信スキルに関するものです。スタッフ側の発信は利用者が受け取りやすい中立的な英語を話すように心がけることも重要です。

非言語コミュニケーション方策を利用した情報伝達

　スタッフ、利用者双方が英語を母語としない場合が多いです。そのため、誤解の起こる可能性を低減するために、言語による説明だけでなく、地図や資料の提供、わかりやすく記入しながら説明する訓練などを強化することが必要です。事前によくある質問に答えるために必要なものは何かを考え、準備しておくとよいでしょう。さらに国際的によく使われているスマホアプリ（Google Map など）の使い方を理解し、必要情報を示せるようにしておくことも有効でしょう。

利用者の意図や好みを把握するスキル

　利用者のニーズを的確に把握し、適切な提案を行うスキルを育成します。利用者は定番の情報を求めている場合もあれば、広範な情報収集や地元の人との交流を求めている場合もあります。利用者の発言だけでなく非言語のサインにも注意しながら利用者の意図を汲み取れるようになることが重要です。もちろん、地元ならではの提供できるモノやコトの知識を広く持つことは必須です。しかし自分たちが見せたいものと、利用者のやりたいことがズレることはよくあります。他地域で人気のあることが、自分の地域でもできないかを考えるなど、「地元の新しい楽しみ方」に対する感度も高く持ちたいところです。地域の新たな魅力発見にもつながることでしょう。

第7章のポイント

- ▶利用者は様々な目的で観光案内所を訪れる。特定情報の収集、広範な情報の収集、地元の人との交流など、利用者のニーズを把握し適切な対応をする必要がある。
- ▶観光案内所でのコミュニケーションは、あいさつ、言語の特定、質問の把握、情報・資料の提供、記入しながらの説明、理解の確認、見送りの声掛けという流れで進むことが多い。非言語的サポート（ジェスチャー、資料提供）などを含めた総合的なコミュニケーション・スキルを身につけなければならない。
- ▶現実のコミュニケーションでは、言い換えや、言いよどみ、非標準な表現など、必ずしも教科書通りの英語が使われるわけではない。このような観点に立った言語理解の訓練を積む必要がある。

注
1）近年は地域の経済効果につながる有料サービスが導入されていることもあります。皆さんのお近くの案内所にはどんなサービスがあるでしょうか。
2）案内所を利用する人は、訪日旅行者の内訳を考えれば英語を母語とする人はむしろ少数です。2023年の訪日旅行者を例にとれば、韓国、台湾、中国、香港、タイの合計だけで66.6％を占め、アメリカ、イギリス、オーストラリア、ニュージーランドの合計は12.2％にすぎません。
3）多様な言語背景を持つ旅行者の英語を反映して、本章の会話文が必ずしも教科書通りの「正しい」英語になっていないことにも注意しましょう。

第7章　観光案内所：人と観光の交差点　115

コラム　ChatGPT4o を使った観光英会話ロールプレイ用の指示文例

　この指示文をそのまま ChatGPT に入れるだけで（写真を撮って読みこませることもできます）ロールプレイができるはず！（実験の結果9割以上の確率で問題なく動作しました）スマホアプリで使用すれば音声のみでの対話も可能です。練習後には「改善のためのアドバイスをください」と伝えるとフィードバックもしてくれます。

　下線部を適時修正して自分の現場にあったものを作っていきましょう！

＊＊＊＊＊＊＊＊＊＊＊＊＊＊＊＊＊＊＊

　次の条件で観光英会話のロールプレイ練習をしましょう。

1. 一度に出力せず、あなたと私で交互に発言し、ロールプレイ終了後にフィードバックをしてください。
2. 私は相模大野の観光案内所の従業員で、あなたは JAXA に行きたい旅行者の役を演じてください。
3. 私の役割は、あなたに道案内をすることです。
4. あなたは英語を話しますが、日本についての知識はあまりありません。
5. ロールプレイをするにあたって、私が必要な情報（特定の場所への行き方、料金、電車やバスの時刻表など）は、すべてロールプレイを始める前にまとめて表示してください。
6. 最初は、私が「Hi, こんにちは」と言います。それまでは何も言わないでください。
7. ロールプレイが終わったらフィードバックをしてください。

その他の条件：

　旅行者の情報：

- 韓国出身の名前はイ・ヨンスさん。
- 旅行者は初めて日本に来ました。
- 英語は第二言語です。話す際に正確な英語ではない場合もあります。
- JAXA 相模原キャンパスについて少し知っていますが、行き方がわかりません。

ロールプレイの目標：

1. 旅行者にわかりやすく、具体的に道案内をできるようになる。
2. 必要な交通手段、時刻表、乗り換え情報を提供できるようになる。
3. 旅行者の質問に対応し、安心して目的地に行けるようにサポートできるようになる。

＊＊＊＊＊＊＊＊＊＊＊＊＊＊＊＊＊＊

参考文献

観光庁（2023）「外国人観光案内所の設置・運営のあり方指針」〈https://www.jnto.go.jp/projects/visitor-support/tic-certificate/〉2024年9月27日閲覧。

Kawashima, T.（2020）「堂々と英語を話すための『本当の英語』リスニング | Listening Practice in Real English」〈https://www.listen-real-english.com/〉2024年9月27日 閲覧。

Miyamoto, S., & Watanabe, Y.（n. d.）*Understanding the English of Thai Visitors.* 〈https://sagami-englishes.com/〉2024年9月27日閲覧。

Nikolich, M. A., & Sparks, B. A.（1995）The Hospitality Service Encounter : the Role of Communication. *Journal of Hospitality & Tourism Research, 19*（2）, 43–56.

Vettorel, P.（2019）Communication strategies and co-construction of meaning in ELF : Drawing on "multilingual Resource Pools." *Journal of English as a Lingua Franca, 8*（2）, 179–210.

Wilson, A.（2018）Adapting English for the specific purpose of tourism : A study of communication strategies in face-to-face encounters in a French tourist office. *ASp- la revue du GERAS, 73*, 53–73.

（渡辺幸倫）

第8章
観光の現場におけるテクノロジーの活用と課題

 この章で学ぶこと

　観光の現場のコミュニケーションにはどのようにテクノロジーが活用されているでしょうか。この章では音声翻訳機器をはじめとする外国語対応テクノロジーの普及状況、これらの機器の具体的な活用事例、および機器だけでは対応しきれない異文化対応スキルについて学びます。こうしたテクノロジーの普及に関する利点と課題をゲストとホストの両者の視点で考えていきます。

1　日本の観光政策にみる多言語化とテクノロジーの推進

 Warm up Q

あなたが日常利用する交通機関や身近な飲食店、宿泊施設では多言語による情報提供がなされているでしょうか。文字情報（看板やメニュー表、ウェブサイトの情報など）と音声情報（アナウンスなど）の両方について考えてみましょう。

（1）観光現場の言葉の壁

　2003年の観光立国宣言以降、日本におけるインバウンドは順調な拡大を続ける一方、訪日外国人旅行者を受け入れる環境の課題も顕著となっています。なかでも外国人旅行者が感じる「言葉の壁」は重要な課題と認識され、公共交通機関や観光施設の多言語化が進められてきました。観光庁による「訪日外国人旅行者の受入れ環境に関するアンケート」は、旅行者が感じた困ったことを継続的に調査しています。平成26年度の調査（観光庁 2016）では、旅行中困ったこととしては「無料公衆無線LAN環境」が46.6％で最も多く、次いで「施設等のスタッフとコミュニケーションがとれない」が35.7％でした。**表8-1**は平成30年度、令和元年度、令和5年度の結果を比較した近年の状況の推移を示しています。「言葉の壁」に関連する項目では「施設等のスタッフとコミュニ

118　第Ⅲ部　現場でのホスピタリティ・コミュニケーションの実態

表8-1　訪日外国人旅行者が旅行中に困ったことの経年比較

旅行中に困ったこと（複数選択）主な項目	平成30年度 n=4,037	令和元年度 n=4,006	令和5年度 n=4,012
無料公衆無線LAN（フリー Wi-fi）環境	18.7	11	9.6
SIMカードの購入	4.5	3.1	3.8
クレジット/デビットカードの利用	10	7	7
その他決済手段（モバイルペイメント等）	5.5	2.6	4.8
多言語表示の少なさ・わかりにくさ	16.4	11.1	13.4
施設等のスタッフとコミュニケーションがとれない	20.6	17	22.5
公共交通機関の利用	10	12.2	12.8
鉄道の割引利用	7.2	5	7.4
トイレの利用・場所・設備	3.4	1.6	2.7
ごみ箱の少なさ	（質問項目になし）	23.5	30.1
困ったことはなかった	36.6	38.6	29.7（横軸 %）

出典：「訪日外国人旅行者の受入環境に関する調査を実施しました」（観光庁）〈https：//www.mlit.go.jp/kankocho/news08_00004.html〉を著者加工。

ケーションがとれない（英語が通じない等）」はおおよそ20％前後で推移し、また「多言語表示の少なさ・わかりにくさ」は減少はしているものの、他の項目より比較的高い順位であることがわかります。

　令和5年度の調査結果（観光庁 2024）によると「コミュニケーションに困った場所」で最も高かったのは「飲食店」で61％と著しい数値であり、続く小売店（ドラッグストアやコンビニなど）は18％となっています。また「コミュニケーションに困った際の対応策」を尋ねたところ「スタッフ側又は旅行者自らが自動翻訳システムや翻訳アプリケーション等のICTツールを利用してコミュニケーションを行った」とする、いわゆる「ICTツールの利用」が76％と突出して高い結果でした。平成26年度の結果と比較すると「施設等のスタッフとコミュニケーションがとれない」は10％以上減少したものの、依然として「困りごと」の比較的上位に位置していると言えます。

（2）日本の観光政策にみる多言語化とテクノロジーの推進
　一方、日本政府はその観光政策を通じて、こうした言葉の壁の問題の軽減、解消のための様々な施策を進めてきました。2013年に出された「観光立国宣言に向けたアクション・プログラム」とそれ以降継続して出されてきたプログラム等の指針や関連するガイドラインでは、様々な分野や省庁をまたぐ多言語化推進やテクノロジーの導入・活用の方針が示されてきました。
　2013年のアクション・プログラムでは「外国人旅行者の受入の改善」が主要な4項目の1つとして位置づけられていました。具体的な施策目標としては「移

動しやすい環境の整備」としてタクシー運転者との意思疎通のためのコミュニケーションツールの更なる検討、レンタカーにおける多言語カーナビゲーションアプリの導入促進、道路案内標識の英語表記の統一があげられ、多言語変換ツールと組み合わせ、スマートフォン等での観光情報提供の取り組みが推進されました。また「滞在しやすい環境の整備」として美術館等や観光施設の多言語対応の改善・強化が取り上げられました。

　このアクション・プランを受けて、2013年に「観光立国実現に向けた多言語対応の改善、強化のための検討会」が設立され、そこで美術館・博物館、自然公園、観光地、道路、公共交通機関等において、外国人目線に立った共通するガイドラインを策定することとなり、2014年に「観光立国実現に向けた多言語対応の改善・強化のためのガイドライン」が示されました。その後、2014年以降も2020年までアクション・プログラムに相当するものが毎年策定され、多言語対応促進の継続やさらなる改善・強化の指針が示されました。また、多言語対応関連のテクノロジーの導入や活用についても取り上げられ、継続的に改善・強化が示されてきました。2014年から2019年までプログラムでは、多言語対応についての言及箇所の数は年々増加していきました。

　2016年からは名称が「観光ビジョン実現プログラム」となり、ここでは2020年までに病院・商業施設等における多言語音声翻訳システムの社会実装化を目指すことや、タクシー車両への多言語翻訳機の搭載などが盛り込まれました。2019年のプログラムでは、スマートフォンを活用して検索から予約・決済までのサービスを一括で提供する MaaS について、多言語対応やサブスクリプション等、外国人目線での実装を推進し、訪日外国人旅行者の回遊性の向上や観光体験の拡大・向上を図ることが新規に述べられていました。このような観光関連の政策や近年のテクノロジーの発展にともない、日本国内の交通機関や観光地では多言語化が進み、またテクノロジーの普及がみられるようになりました。

　一方で、翻訳あるいは通訳された情報の正確性を保証する統一された基準は日本ではまだ導入されていません。佐藤 (2020) は、公共交通機関、宿泊施設、歴史的文化的名所や飲食店などの観光施設における通訳、翻訳に ISO 国際規格に準拠した品質管理を導入し、訪日外国人旅行者受入環境の整備を進める必要性を論じています。特に、自然災害などの緊急時にそなえ、観光関連施設での統一した基準に従った翻訳による掲示板案内や通訳サービスの必要性を指摘しています。このように、観光地の多言語化が進み、通訳翻訳機器が普及する

一方、情報の正確性を含む通訳翻訳の「質」をどう担保するかは重要な課題でしょう。

近年の気候変動や自然災害の増加、社会情勢不安から、外国人旅行者の安全管理は観光における重要な課題となっています。外国人旅行者が災害時などに安全を確保するには、どのような多言語サービスの提供、その準備が必要でしょうか。ゲストとホストの両者の視点で考えてみましょう。

(3) 音声翻訳機器を含むテクノロジーの開発と普及

日本における音声翻訳機器開発につながる研究は、国内外の企業や大学機関で進められてきました。その中心となってきた機関に国立研究開発法人情報通信研究機構（NICT：National Institute of Information and Communications Technology）

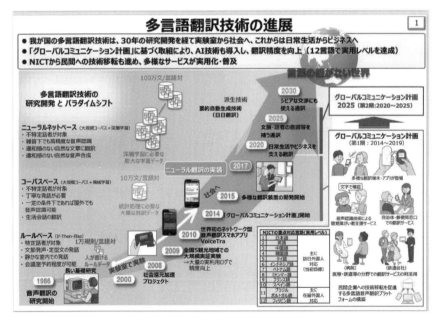

図8-1　多言語翻訳技術の進展

出典：「グローバルコミュニケーション計画2025〜多言語翻訳技術の高度化と社会実装の更なる進展へ〜」（総務省）000678485.pdf〈soumu.go.jp〉

があります。図8-1「多言語翻訳技術の進展」が示す通り、音声翻訳は1980年代半ばから基礎研究が始まりました。2010年には、現在も利用されているネットワーク型音声翻訳アプリ「VoiceTra」が登場しています。そして2017年頃より大規模コーパス＋ニューラル機械翻訳[2]の実装が本格化しました。2020年に出された総務省の「グローバルコミュニケーション計画2025」[3]では、ビジネス・国際会議等での議論の場面も含め、文脈（会話・文章の流れ）、話者の意図、周囲の状況、文化的背景等を補うことのできる、実用レベルの同時通訳の実現が技術開発の目標の1つとされています。

このような技術開発により、現在私たちは無料または手頃な価格で音声翻訳機器やスマートフォンなどを介して翻訳アプリを簡単に利用することができます。また様々な観光関連施設においても翻訳や音声翻訳機器が設置されており、外国人旅行者が感じる「言葉の壁」の軽減に役立っていると言えます。

 エクササイズ ②

テクノロジーの発展と普及により、音声翻訳機器はホテルなどの観光産業や医療現場で利用されるほか、様々な企業でも導入が進んでいます。一方で、テクノロジーを活用すれば言葉の壁は解消されるという「第二言語習得不要論」が生じることへの懸念も議論されています（山川 2019）。今後さらに技術革新が進むことが予想されますが、私たちが外国語を学習する意義はどこにあるのでしょうか。

2　ホテルにおける音声翻訳機器活用事例

 Warm up Q

ホテルなどの宿泊施設では、多言語に対応するためのテクノロジーの導入が進んでいます。例えば、フロントに音声翻訳機器などが設置されているホテルもあります。こうした機器導入のメリットにはどのようなことがあるでしょうか。また導入にあたり重視されるのはどのような点でしょうか。ゲストとホストの両者の視点で考えてみましょう。

インバウンドの拡大に伴い、多言語対応を目的としたテクノロジーの普及が

図8-2　ホテルのフロントに設置された
　　　　KOTOBALの透明ディスプレイパネル
出典：「KOTOBALと透明ディスプレイ」（KONICA MI-
NOLTA）〈https://kotobal.konicaminolta.jp/〉

様々な分野で進んでいます。宿泊施設や交通機関、また外国人患者の受診が増えている医療機関などでも活用事例の報告があります（小笠原 2019；高橋 2019）。ここでは、実際に音声翻訳機器を含むサービスを導入した2つのホテルの事例から、導入の背景と機器活用の状況をみてみましょう。田中・森越（2024）は、コニカミノルタ社が提供するKOTOBALというサービスを導入した札幌市内の2つのホテルでスタッフへのインタビュー調査を行い、サービス利用状況と課題を報告しています。KOTOBALの写真は図8-2、同サービスの概要は表8-2、各ホテルの概要は表8-3の通りです。

（1）音声翻訳機器を含むサービス導入の背景と基本的な活用の状況

ホテルAとBは同系列のホテルですが、このホテルグループでは、こうした翻訳機器を含むサービスの導入による現場のサービスに関しては、各ホテル単体で導入を決定しており、系列ホテル間では助言や情報提供は行うものの、判断はそこにいるスタッフたちに委ねられるとのことです。ホテルAの導入のきっかけは「英語と中国語ができるスタッフが1名しかおらず、コロナ禍で体調不良になったゲストの対応において、スタッフが長時間拘束されてしまうことがあった」とのことです。このため、ホテル側がサービスを調査し「有事の際も動画でいろいろと緊急対応（通訳）をしてくれる」「対応言語数もかなり多い」「音声翻訳機器の翻訳レベルが高い」「音声翻訳機器の逆翻訳機能」の点から導入に至ったとのことです。また「コロナ後に働き始めたスタッフは、多

第8章　観光の現場におけるテクノロジーの活用と課題　　123

表8-2　KOTOBALの概要

サービス	・タブレット端末と透明ディスプレイパネルでの音声翻訳に加え、任意の契約で緊急時のオペレーター通訳の利用が可能。オペレーター通訳の対応言語は任意で契約するしくみ。
音声翻訳のシステム	・国立研究開発法人情報通信研究機構（NICT）が開発した音声翻訳エンジンを採用したAIによる機械翻訳システム。 ・英語を含む31言語に対応。
タブレット端末または透明ディスプレイパネルを介する音声翻訳方法	・起点言語で入力された音声を文字化し、次に目標言語での翻訳、さらに逆翻訳（起点言語への再翻訳）が文字で示される。任意で翻訳文の音声が再生できる。

表8-3　導入ホテル概要

	ホテルA	ホテルB
ホテル種別、客室数	アッパーミドル（ビジネスとシティホテルの中間）359室	フルサービスのシティホテル493室
利用機器の種類と数 使用場所	透明ディスプレイパネ1台、タブレット2台 フロント：タブレット＋ディスプレイパネル ゲストルームなど：タブレット（スタッフが持参）	透明ディスプレイパネル1台　タブレット2台 フロント：タブレット＋ディスプレイパネル コンシェルジュデスク：タブレット
外国人ゲストの割合	2022年12月頃：約50% 2023年7月現在：約20%	2022年1年間：16% 2023年8月現在直近3カ月：30%
導入時期	2023年4月	2023年6月試験的導入 2023年7月本格導入

数の外国人ゲストが来ることに不慣れであるため、サービスが劣らないようにというのも見込んで、その前に導入した」そうです。ホテルBでは、KOTOBAL導入以前にフロントとロビーに別の音声翻訳機器を各1台導入して5、6年ほど利用してきましたが、同機器のバッテリー劣化や、「VoiceTra」などのスマートフォンを介した翻訳アプリの活用が進んできたこともあり、同機器はあまり活用されない状況にありました。「系列ホテルAでの同機器導入に対する評価」と「緊急時に（オペレーターによる）医療的通訳が利用できる」ことから同ホテルでも導入に至ったとのことです。

　いずれのホテルでも透明ディスプレイパネルはフロントに設置され、移動可能なタブレット端末も用意されています。利用の場面はチェックインとチェッ

クアウト時の使用に加え、観光情報などの問合せ時の利用が多いそうです。また、タブレット端末は移動が可能なため、スタッフがゲストの部屋へタブレットを持参して活用したり、または、透明ディスプレイパネルが近くにない場合にはタブレットを活用するそうです。両ホテルとも、スタッフとゲストの両者が英語ができる場合は機器を使用せず、英語以外の言語を話すゲストの対応に使用するほか、次のような場合により多くの利用があるそうです。

〈ホテル A〉
・海外からのホテルの予約時によくある「予約の相違」について、外国語でのコミュニケーションがスムーズにできない場合。
〈ホテル B〉
・ゲストが家族などのグループで滞在する際に、日本語か英語ができる人が限られている場合、他のメンバーとの対応時に使用する。
・英語が堪能ではないスタッフが夜間に少人数で配置されている際に、ゲストがとても怒っている、痛がっている、コミュニケーションが取りづらいなどの場面では、個人のスマートフォンアプリの翻訳では心配なところも多く、同機器は「お守り的な要素」を果たしている。

（2）活用の課題

　インタビュー調査では、課題として認識されている点として次のことが述べられています。ホテル B はホテル A よりも規模が大きく、フロントデスクもより広いが、費用面から多くのタブレットを導入することが難しいため、タブレットやディスプレイがある場所へゲストに移動してもらうことはせず、片言の英語でコミュニケーションをする場面があります。また、電話の会話には同機器は使用できないけれど、外国語対応可能なオペレーター通訳を雇用することも難しいそうです。同機器はシステム上、発話ごとの通訳になるため会話が途切れること、また発話のニュアンスまで伝えるには人の通訳にはかなわない、との指摘があります。このように、現段階では、音声翻訳機器を導入する場合の費用面や、機器の精度がまだ人間の通訳には及ばないという課題が見られます。

（3）ホテルにおける活用のまとめ

　上記の通り、ホテルスタッフによる英語対応が十分ではない場合や、トラブル発生時、英語以外の外国語ゲスト対応などにおいて同機器が活用されていることがわかります。また「対応言語数もかなり多い」「翻訳のレベルが高い」「逆翻訳機能がある」点も選ばれる理由となっていました。さらに「有事の際のオペレーター通訳の契約」がある点も指摘されていました。コミュニケーションの観点からは、同機器を通じてやりとりが可能となる、またはよりスムーズになることで、必要な情報のやりとりを促進していると言えるでしょう。ホテル側にとっては、特にゲストとのコミュニケーションにおいてサービスの質を上げること、トラブル対応時の補助ツールとしての備えができることなどの利点があります。ゲスト側にとっても、英語・日本語があまりできなくても、スタッフと会話をすることができ便利でしょう。一方、こうした機械のみではゲストとスタッフが会話を楽しむことにまだ限界があります。今後はテクノロジーで埋めることのできない人間同士のコミュニケーションをどう維持、提供していくかが課題の１つとなるのではないでしょうか。

3　外国語ガイドの仕事とテクノロジー

🙂 Warm up Q

　外国語ガイドはゲストである訪日外国人旅行者に対し、通訳や観光地の案内以外にも異文化の仲介者としての役割を果たしています。ゲストが楽しく快適に旅をするためには大切な役割です。異文化の仲介者としての働き（配慮や説明、サポート）には具体的にどのようなものがあるのか考えてみましょう。

（1）観光地に普及するテクノロジー

　ここでは外国人ゲストに観光地を案内する「外国語ガイド」の視点からテクノロジーの活用をみてみましょう。近年、外国人旅行者が自身のスマートフォンを介して翻訳アプリなどを簡単に活用できるようになっています。これにより、ゲスト自身が訪問先で飲食店のメニューや、お店の商品の説明、交通機関の案内板や地図などを翻訳できるようになり、ガイドによる通訳が不要になる場面も増えています。また、観光地によっては多言語での案内や多言語音声設

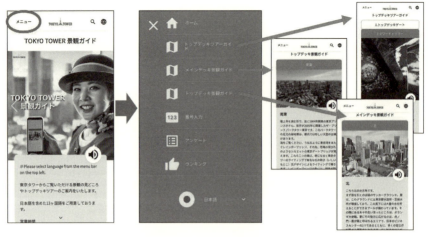

図8-3　東京タワーの「FACERE施設Edition」
出典:「TOKYO TOWER 景観ガイド」（TOKYO TOWER）〈https://facere.tokyotower.co.jp/〉
撮影協力:（株）TOKYO TOWER

備が導入されている施設もあり、より質の高い翻訳、通訳機能を利用できることもあります。例えば、東京タワーでは、図8-3の（株）電通総研が提供する「FACERE施設Edition」という、観光客がスマートフォンを介して観光施設や関連情報を、多言語で文字と音声で取得できるサービスを導入しています。東京タワーで利用されている「FACERE施設Edition」では、タワーから見える景観の説明やトップデッキのツアー案内を、日本語を含めた13の言語で利用することができます。スマートフォンでQRコード読み込んだり、スマートフォンを各方角へ向けてタップの操作をしたりすることで、文字と音声でのガイドを活用できます。また、「FACERE施設Edition」は複数の観光地や観光施設で統一的に利用できる広域な地域をカバーするサービスの提供もあり、1つの地域の観光情報をより手軽に多言語で収集することが可能となります。

このように、テクノロジーの進化により、様々な形でかつ多くの言語での通訳翻訳サービスが利用できるようになっています。外国語ガイドは業務の準備として、訪問先である観光地の最新情確を確認、現地の下見もしますが、こうした多言語設備の状況も確認し観光地訪問の前にゲストへ情報提供をすることで、ゲストの旅の経験がより充実したものになるかもしれません。一方、音声翻訳機器の利用が適さない場面もあります。例えば、スポーツなどのアクティ

ビティ中など、瞬時の声掛けが必要となる場面では利用しづらいでしょう。また、会話を1文ずつに区切る形になるため、通常の通訳よりも時間を要することが考えられます。このため、外国語ガイドあるいはゲストが訪問先またはガイディング中にこうしたテクノロジーを活用する場合は、現段階ではコミュニケーションのサポートツールとして活用することが多いと言えます。

（2）テクノロジーと異文化対応

　こまで見てきたように、音声翻訳機器などの多言語対応を支援する機器の技術革新は急速に進んでいますが、近い将来、観光の現場では多言語スキルを持つ人材や、通訳者、外国語ガイドは不要となるのでしょうか。外国語対応のために人間の通訳者を利用すると、音声翻訳機器を導入するよりも費用が高額となる場合が多いでしょう。また今後も技術の進化が続き、訳出の精度やスピードの改善、会話を継続しても利用できる同時通訳のような情報技術も増えていくことが予想されます。このため、観光産業はもちろんのこと、他の分野においても音声翻訳機器が広く普及していくと考えられます。しかし、言葉の壁を解消することが外国人旅行者への対応のすべてではありません。文化や習慣の異なる旅行者への「異文化対応力」も、現代の観光の現場に必要なスキルです。この「異文化対応力」はホスピタリティ・コミュニケーションのCan-Doリスト⑯⑰にあたります。

　Tanaka（2022）は、英語の通訳案内士へのインタビュー調査を通じて、彼らがゲスト対応おいてどのように異文化を意識した対応をしているのかを報告しています。**表8-4**には、彼らがゲスト対応の際に行っている「全般的な異文化意識と理解」と「トラブル防止と対応における異文化意識」が述べられています。

　これらは、日本の文化に馴染みのない外国人旅行者が旅先で困らないため、またはトラブルが生じてもそれを軽減させるために、単に外国語で伝えるだけではなく「異文化理解」の知識にもとづき「異文化対応」をした実例です。対応の事例は様々な場面にわたり、また些細な配慮からトラブル対応まで様々ありますが、いずれも知識と経験に根ざした対応で、かつゲストの立場を配慮する姿勢が見られます。

128　第Ⅲ部　現場でのホスピタリティ・コミュニケーションの実態

表8-4　英語ガイドによる異文化対応の実例

全般的な異文化意識と理解	・ツアー中の注意点やマナーの説明には、なぜそのようにお願いするのかという理由を一緒に説明することが有効である。日本文化を知らないゲストも、理由を知ることで納得できる。例えば、大浴場で浴槽に入る前に体にかけ湯をするマナーがあるが、これは衛生面と同時に、お湯の温度に体を慣らす目的があることを説明する。 ・ツアーの流れや予定を先々説明することで、ゲストはツアー中の大切なことが理解でき、それにより安心することができる。
トラブル防止と対応における異文化意識	・トラブルが生じた際、結論から伝え、続けて説明をするようにしている。 ・ダメなことははっきりと伝えるようにしている。 ・ホテルの仕様について、室内のエアコンは秋になると「冷房」が使えず、暖房機能しか使えないことが、クレームになる場合があると認識している。 ・ウォシュレットトイレの使用方法や温泉入浴のマナーの説明は、ゲストの不安を取り除き、旅を快適にするために重要であり、きちんと行う必要がある。 ・シートベルト着用、雪道での足元注意など安全面での注意は、複数回くり返して伝える。ツアー中事故が生じるとガイドの責任問題にもなりえる。 ・ゲストの体面を保つよう努力する。ガイドはお説教する立場ではない。しかし、その場をおさめる必要があるので、ゲストに問題の状況を理解して貰うよう、丁寧に説明することを心がける。

（3）異文化対応力

　こうした異文化対応力は学術的に "Intercultural Competence" などと呼ばれ、その定義や評価方法などが研究されています。Deardorff（2004：194）は異文化対応力を「異文化間における知識、技能、態度に基づき、異文化状況において効果的かつ適切なコミュニケーションを行う能力（著者訳）」と定義しています。同氏による「異文化対応力プロセスモデル（著者訳）（Deardorff 2006：256 出典 Deardorff 2004）」図8-4は異文化対応力が養われる過程を循環的なプロセスとして説明しています。このプロセスモデルでは、異文化（な他者）への「敬意」や「オープンである」姿勢が、異文化に対する「知識と理解」「話を聞き、観察・評価し、分析・解釈するスキル」という個々人のなかに備わる要素の育成につながり、やがて異文化（な他者）との関わりを通じて、異文化（な他者）へのさらなる「適応性」や「柔軟性」がもたらされ、その結果、表に現れる「効果的で適切なコミュニケーション」を生み出します。この一連のプロセスは循環的に生じるとされています。このプロセスモデルにおける「効果的で適切な異文化対応」は人間が経験を通じた学びによって習得できる要素であり、また人間のみが提供できる重要なサービスと言えるでしょう。このように、異文化

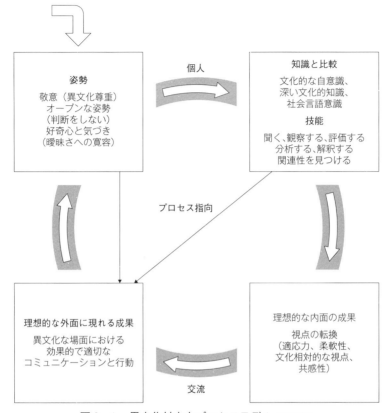

図8-4 異文化対応力プロセスモデル（著者訳）
出典：「Process Model of Intercultural Competence」(Deardorff 2006：256；Deardorff 2004).

間の人間同士のコミュニケーションを適切に、望ましい方法で行うためには異文化対応スキルが必要であり、ホスト側がただ単に外国語で対応できる、あるいは通訳翻訳機器があるだけでは十分ではなく、異文化対応力が重要な要素であると考えられるでしょう。このため基本的な外国語力と異文化対応力を持ち、かつテクノロジーを活用することのできるITスキルを兼ね備えた人材の育成は、これからの観光産業における重要な課題です。

130　第Ⅲ部　現場でのホスピタリティ・コミュニケーションの実態

第8章のポイント

▶観光の現場では言葉の壁を軽減する様々なテクノロジーが普及している。

▶観光地の多言語化の推進とテクノロジーの普及の背景には、国の観光政策が影響している。

▶音声翻訳機器をはじめとする外国語対応のテクノロジーの技術はさらに発展すると思われるが、観光の現場ではこうした機器だけでは提供できない人による異文化対応も重要である。

▶ホストとゲストのスムーズなコミュニケーションのためには基本的な外国語力と異文化対応力を持ち、かつテクノロジーを活用できる IT スキルを兼ね備えた人材の育成が重要である。

注

1）MaaS：Mobility as a Service（モビリティ・アズ・ア・サービス、通称マース）は公共交通を含めた、自家用車以外の全ての交通手段による移動を1つのサービスとして捉え、シームレスにつなぐ移動の概念、またそれを目的としたサービスを意味する

2）コーパス：言語の自然な使用例を集めた大規模なテキストデータ。言語研究や自然言語処理に利用される。

3）ニューラル機械翻訳：ディープラーニングを用いて、文全体の文脈を考慮しながら自動的にテキストを翻訳する技術。

参考文献

小笠原功明・青木康博（2019）「外国人患者増加時代における内科医療の展開」『日本内科学会雑誌』108（4）、876-886。

観光庁（2013）「観光立国実現に向けたアクション・プログラム」〈https://www.mlit.go.jp/kankocho/content/810001020.pdf〉

観光庁（2014）「観光立国実現に向けたアクション・プログラム2014──『訪日外国人2000万人時代』に向けて──」〈https://www.mlit.go.jp/kankocho/content/810001019.pdf〉

観光庁（2016）「『訪日外国人旅行者の国内における受入環境整備に関するアンケート』結果」810003476.pdf〈mlit.go.jp〉

観光庁（2019）「観光ビジョン実現プログラム2019──世界が訪れたくなる日本を目指して──」810001011.pdf〈mlit.go.jp〉

観光庁「訪日外国人旅行者の受入環境に関する調査を実施しました」〈https://www.mlit.go.jp/kankocho/news08_00004.html〉2024年7月1日閲覧。

KONICA MINOLTA「KOTOBAL と透明ディスプレイ」〈https://kotobal.konicaminolta.jp/〉2024年7月1日閲覧。

佐藤晶子（2020）「翻訳・通訳の ISO 国際規格に準拠した訪日外国人旅行者受入環境の整備──良質のコミュニケーション・サービスを提供するには──」『大阪観光大学紀

要』20、70-76。

総務省（2020）「グローバルコミュニケーション計画2025〜多言語翻訳技術の高度化と社会実装の更なる進展へ〜」000678485.pdf〈soumu.go.jp〉

高橋宏和（2019）「外国人患者増加時代の試み〜『町のクリニック』におけるポケトーク導入の経験〜」『日本内科学会雑誌』108（4）、887-890。

田中直子・森越京子（2024）「観光の現場における通訳サービスと音声翻訳機器の活用について──地方都市の宿泊施設におけるゲスト対応のための活用の事例──」『北星学園大学短期大学部北星論集』21、1-10。

東京タワー「東京タワー景観ガイド」〈https://facere.tokyotower.co.jp/〉2024年7月20日閲覧。

山川和彦（2019）「日本のインバウンド観光施策における言語政策の展開と展望──多言語化の進展を意識化する──」『社会言語学』22（1）、17-27。

Deardorff, D. K.（2004）Identification and assessment of intercultural competence as a student outcome of international education at institutions of higher education in the United States. *Unpublished dissertation, North Carolina state University, Raleigh.*

Deardorff, D. K.（2006）Identification and Assessment of Intercultural Competence as a Student Outcome of Internationalization. *Journal of Studies in International Education Fall*, 241-266.

Tanaka, N.（2022）Intercultural Competence and Perceptions among English-Language Guides in Japan Insights from Interviews on Intercultural Interactions with Foreign Guests and Responses to Trouble. *Hokusei Review 20*, 1-9.

（田中直子）

第Ⅳ部
ホスピタリティの現場へのチャレンジ

　お客さまに満足を与えるには、ホスピタリティ・コミュニケーションを実践するための様々なスキルやその理解が必要であること、そしてそれらのスキルはどのように現場で運用されているのかを見てきました。最後のセクションでは、皆さんがこれから現場で活躍する際に有益な項目として、チームワークを発揮するために不可欠な外国人の同僚たちとの協働について考えます。また、観光産業のインターンシップについても概観していますので、ぜひ皆さんの観光分野へのチャレンジの参考にしてください。

第 9 章
ホスピタリティを学ぼう：外国人スタッフと働く

 この章で学ぶこと

近年、観光の現場で外国人労働者の受入れが活発になっています。第1章で述べられているように、ホスピタリティ・コミュニケーションにおいては、チームワークが重要です。本章では、様々な言語や文化を背景とするスタッフとともによりよいサービスを提供するために、外国人スタッフ特有の事情やコミュニケーションの課題を学びます。さらに、外国人スタッフのホスピタリティ・コミュニケーションを日本語教育学の視点から考えていきます。

1　観光産業における外国人スタッフ

 Warm up Q

外国の人が日本に居住するためには在留資格が必要です。ホテル、レストランなど観光産業で働く外国人スタッフはどのような在留資格を持っているのでしょうか。また、在留資格による違いはあるのでしょうか。調べてみましょう。

（1）在留資格

日本の生産年齢人口の減少に伴い、様々な分野や産業界で外国の人々の活躍を見かけるようになってきました。観光産業においても宿泊、航空、外食業などで外国人スタッフが増えてきました。そこで、本章では外国人スタッフとチーム連携を行うために必要な知識を学びましょう。

まず、日本人スタッフとの大きな違いは、在留資格により合法的に滞在し活動するための権利や範囲が決められていることです。出入国管理及び難民認定法のもと、29の活動が「日本で行う活動内容に応じた在留資格」と「身分や地位に基づいた在留資格」に分けられており、就労においてもそれに基づいた活動をすることが原則となっています。本節では、この在留資格について理解し

第9章　ホスピタリティを学ぼう：外国人スタッフと働く　　135

表9-1　在留資格一覧

●日本で行う活動内容に応じた在留資格
① 外交　② 公用　③ 教授　④ 芸術　⑤ 宗教　⑥ 報道　⑦ 高度専門職　⑧ 経営・管理 ⑨ 法律・会計業務　⑩ 医療　⑪ 研究　⑫ 教育　⑬ 技術・人文知識・国際業務　⑭ 企業内転勤 ⑮ 介護　⑯ 興行　⑰ 技能　⑱ 特定技能　⑲ 技能実習　⑳ 文化活動　㉑ 短期滞在　㉒ 留学 ㉓ 研修　㉔ 家族滞在　㉕ 特定活動
●身分や地位に基づいた在留資格（居住資格）
㉖ 永住者　㉗ 日本人の配偶者等　㉘ 永住者の配偶者等　㉙ 定住者

出典：「在留資格一覧表」（出入国管理庁）〈https://www.moj.go.jp/isa/applications/status/qaq5.html〉
　　　をもとに筆者作成。

ましょう。

　外国人雇用状況の届出状況まとめ（厚生労働省 2024）によると、2023年10月の時点で204.9万人の外国の人々が就労しています。内訳は、身分や地位に基づいた在留者が約61.6万人、就労目的で在留が認められる者が約59.6万人、⑲ 技能実習が約41.3万人、資格外活動が約35.3万人となっています。

　身分や地位に基づいた在留者（以下、「身分系」と略します）とは、㉖ 永住者、㉗ 日本人の配偶者等、㉘ 永住者の配偶者等、㉙ 定住者の人々です。㉖ 永住者とは法務大臣から永住の許可を得ている人のことです。㉙ 定住者とは、第三国定住難民、日系3世、中国残留孤児などが含まれます。これらの在留資格は身分に基づく在留であるため、日本での活動に制限がなく、様々な分野で報酬を受ける活動（就労）を行うことができます。

　就労目的で在留が認められる者とは、③ 教授、④ 芸術、⑤ 宗教、⑥ 報道、⑦ 高度専門職、⑧ 経営・管理、⑨ 法律・会計業務、⑩ 医療、⑪ 研究、⑫ 教育、⑬ 技術・人文知識・国際業務、⑭ 企業内転勤、⑮ 介護、⑯ 興行、⑰ 技能、⑱ 特定技能の在留資格を持つ人です。観光産業では、⑦ 高度専門職、⑬ 技術・人文知識・国際業務（現場では「技人国」と略します）、⑰ 技能、⑱ 特定技能などの在留資格の人が多いようです。⑦ 高度専門職、⑬ 技術・人文知識・国際業務は、自然科学や人文科学などの分野に属する技術や知識を要する業務に従事することができますが、業務に必要な知識に関する科目を専攻して大学を卒業していること等の条件があります。具体的にはエンジニア、プログラマー、経理、人事、企画、広報、マーケティング業務などが該当します。⑰ 技能は、外国料理の調理師（ホテル、レストラン）、航空機の操縦者（航空会社）などが該当

します。⑱ 特定技能は、2019年に創設された特定技能制度に基づき、人手不足の深刻な分野を限定し創設された在留資格です。観光産業に関連する分野としては、航空、宿泊、鉄道、外食業などが挙げられます。この在留資格については第2節、第3節の事例紹介でも触れます。

⑲ 技能実習とは、日本の技能・技術・知識を開発途上国へ移転することを目的とし創設されました。来日直後の講習期間を経て、受入れ機関と雇用関係が結ばれます。

上記の在留資格は就労が認められたものですが、非就労資格の ⑳ 留学　㉔ 家族滞在の人であっても資格外活動の許可を得ればアルバイトやパートなどの週28時間以内の就労が可能となります。

このように、在留資格により業務内容、就労の目的や条件が異なり、また在留期間も異なります。このような背景を知ったうえで、外国人スタッフを理解し円滑な連携がとれるようになりましょう。また、ここで述べた知識は、ホスピタリティ・コミュニケーションを成功させるためのチームワーク構築のためだけでなく、将来、人事やマネージメント部門に就いた際にも活かされることでしょう。

（2）日本語コミュニケーションに関する課題

次に、外国人スタッフと日本人スタッフの違いとして、当然のことですが、文化や言語の異なりがあります。この節では、外国人スタッフの日本語によるコミュニケーションの課題を見ていきましょう。

綛田・中井 (2024) は、日本人スタッフのコミュニケーションに関する課題の多くがゲスト対応を中心とするものであるのに対し、外国人スタッフにとっては同僚スタッフとのコミュニケーション・スキルも円滑なゲスト対応の遂行に必要とされることを指摘しています。さらに、中井・綛田 (2024) ではそのスキルを磨くため現場で覚える、書きとる、日本人の先輩スタッフの横に立って練習する等の工夫をしているものの、マニュアルが乏しいため一度先輩から習ったことを間違うことに対して外国人スタッフが緊張感を抱いている点も明らかとなっています。

また、日本語使用に関しては、文字表記、語彙、発音、カタカナ言葉、敬語、謝罪表現、響きの似た表現などに関する困難点が調査によって浮かび上がっています。外国人学習者にとって漢字が困難点となっていることは従来指摘があ

りますが、ホテルなどの観光現場ではアルファベット表記のみのシステムが使われる施設もあり、そのような場合お客さまの名前を音声からアルファベット表記に置き換えるのが難しいといいます。

地名（例：「いいだばし：飯田橋」と「いたばし：板橋」）、お客さまの名前（例：「おおた：大田」と「おだ：小田」）、施設名（例：「赤坂サカス」と「赤坂サーカス」）などの固有名詞の聞き取りの難しさ、母語の干渉を受ける発音（例：「お連れ様」→「おちゅれさま」、「お座席」→「おじゃせき」、「自転車」→「ひてんしゃ」、「公園」→「くーん」）によるコミュニケーショントラブルなども外国人スタッフが直面している難しさです。

このような困難を克服するために、様々な工夫もされています。例えば、翻訳ツール（アプリ）の使用、不慣れな表現の回避（例：「○○が承ります」→「○○と申します。○○がご担当いたします」）などが、その一例です。

日本人スタッフ同様、**情報提供の準備と提供**（Can-Do ⑩）のために外国人スタッフも独自に下調べを行いますが、日本人なら馴染のある食材、食文化、調理方法などを理解するのに時間もかかるでしょう。異なる言語、その背景にある異文化の理解は、日本人スタッフ、外国人スタッフともに重要ですが、ホスピタリティ・コミュニケーションの成功要素の1つ、**チームワーク**（Can-Do ⑱）のためにも外国人スタッフには人一倍の努力があることがわかります。

ここまで、観光の現場で共に働く外国人スタッフ特有の事項を概説しました。続く第2節では首都圏シティホテル、第3節では空港グランドハンドリングの事例を紹介しつつ、チームワーク、協働を考えていきましょう。両節の内容は、2024年に筆者が実施したインタビューと、見学に基づき考察したものです。

2　事例：首都圏シティホテル

実際にホテルで勤務する外国人スタッフは、どのような人たちでしょうか。出身地、在留資格など考えてみましょう。

（1）企業の背景情報

では、観光産業の中でも特に外国人スタッフが活躍している宿泊産業を例と

138　第Ⅳ部　ホスピタリティの現場へのチャレンジ

して、現場における外国人スタッフとの協働を考えていきましょう。まず、本節では首都圏シティホテル A の概況を説明します。

　シティホテル A は、世界でも有名なホテルチェーンに属している、1998年に首都圏で開業された国内系ホテルです。地元を中心としたお客さまによるレストラン・婚礼・宴会などの利用、日本国内のお客さまの観光の際の宿泊、さらには場所柄もあり外国人旅行者の宿泊も多いそうです。そのため、グローバル基準のサービスレベルが定められており、従業員の個性が重んじられ多様性が重視されています。

　750人を超える従業員の内、約7.5％を外国人スタッフが占めており、今後もその割合は増える予測です。雇用形態には一般的には正社員、契約社員、パートタイムなどがありますが、宿泊産業における外国人スタッフの場合、上記以外にもインターンシップの受入れ、外国人技能実習生の受入れなどがあります。シティホテル A では、外国人技能実習生の受入れはしておらず、また国籍に関わらず契約社員として１年勤めると正社員へ移行するという形式がとられています。そのため、現場では本採用のスタッフも契約社員のスタッフも、社員として呼ばれているそうです。表 9-2 では、雇用形態別に出身地を示していますが、外国人スタッフ全体で見るとベトナム（26％）、フィリピン（21％）、中国（18％）、ミャンマー（9％）、ネパール（7％）の順に多いそうです。国内系ホテルと外資系ホテルでは事情が異なりますが、日本人スタッフ、外国人スタッフともにその英語力にはばらつきがありリンガフランカとして英語が機能しないため、スタッフ間での共通言語が日本語にならざるをえません。

　さて、外国人スタッフの日本語能力ですが、在留資格によってある程度指定

表 9-2　シティホテル A の外国人スタッフの概況

雇用形態	在留資格	割合	主な出身地（割合の多い順）
社員（本採用）	技人国、技能など	18%	ネパール、中国、ベトナム、ブラジル、バングラデシュ、韓国など
社員（契約）	特定技能、特定活動（本邦大学卒業者）など	30%	ベトナム、ミャンマー、中国、台湾、フィリピン、ブルキナファソなど
パートナー *ホテル A における呼称。 パート・アルバイトを指す。	資格外活動（留学、身分系）	39%	中国、インドネシア、フィリピン、タイ、ウクライナなど
インターン	特定活動	14%	ベトナム

されているものもあります。特定活動（本邦大学卒業者）という資格は、外国人留学生のキャリア形成促進のために2023年に設けられました。これは日本の専門学校・短期大学（別途基準有）、大学、大学院を対象としており、日本語能力に関しては高い基準（日本語能力試験Ｎ１レベル相当）が求められています。特定技能とは第１節でも少し触れましたが、１号と２号の２種類があります。特定技能１号では、日本語能力Ｎ４が条件となっています。この２種の在留資格以外で就労可能である在留資格で一定の日本語能力が条件とされているものはありません。

　Ｎ１、Ｎ４とは、日本語を母語としない人を対象とした日本語能力試験のレベルの一つです。Ｎ１からＮ５までの５レベルに分かれており、それぞれのレベルの基準は次のようになっています。

　Ｎ１：幅広い場面で使われる日本語を、詳細に理解することができる
　Ｎ２：幅広い場面で使われる日本語を理解することができる
　Ｎ３：日常的な場面で使われる日本語をある程度理解することができる
　Ｎ４：日常生活で使われる基本的な日本語をある程度理解することができる
　Ｎ５：基本的な日本語を理解することができる

（２）外国人スタッフに関わる課題認識

　では、シティホテルＡでは、より上質なサービスをお客さまに提供するために、外国人スタッフをどう捉え、彼らに何を求めているのか、外国人スタッフとの連携にあたり日本人スタッフには何が期待されているのかを見ていきましょう。

　このホテルの外国人スタッフの出身は**表９−２**のように多様であり、所有する在留資格からその日本語能力についてはＮ１の人もいれば、来日したてでＮ５にもおぼつかないような人もいるそうです。「聞くことはできても、イントネーションに難がある」「マニュアルが読めない」「日本人スタッフが口頭で言ったことをメモできない」「人事や役所の手続きは原則的に日本語であるが、スムーズに手続きが進まない」などと言った困難点が現場からは出てくるそうです。また、そのような状況から、「（外国人スタッフは）日本語が難しいからお客さまに積極的になれないんだろう」「日本語の問題で笑顔がでにくいんだろう」「（日本語がむずかしいから）はにかんでごまかす」「（外国人スタッフには）読み書きが苦手な人が多い」と判断され、配属先が工夫されたり配属先に配慮を求めた

140　第Ⅳ部　ホスピタリティの現場へのチャレンジ

りするそうです。

　例えば、このホテルではレストラン業務においては少なくともＮ３、Ｎ２レベルの日本語能力が必須と考えられており、そのため、日本語能力がそのレベルに達していない場合には、ハウスキーピングでまず日本の働き方、仕事での日本語に慣れてもらい日本語能力が上がればラウンジなどで飲食提供へと異動するなどの工夫もされているそうです。

　また、現場での難しさという点からは、料飲部門の「調理」ではおいしく適切な温度の料理を提供するために臨機応変な指示が飛び交いそれに適応しなければならないのですが、外国人スタッフにはそのようなフレキシブルな対応が難しい人もいるということが挙げられていました。その原因として日本語能力の問題が指摘されています。対応ができないことからさぼり気味という声も聞かれ、それに対しては人事関係者あるいは外国人スタッフとの協働経験が豊富な人が説明したり理解を求めたりするとのことです。

　このホテルではベトナムから半年のインターンシップ生を受け入れており、人手不足に直面している現場としてはインターンシップ生受入れが労働力確保の面からも助かっているというコメントもありました。一方、人手確保を優先し近似分野の外国人スタッフを採用したが好ましい結果とはならなかったというエピソードもありました。宿泊産業に関する知識を有する人材を雇用し、育成することの必要性が再確認されているようです。

　このような状況下、シティホテルＡでは、近年、パート・アルバイトの人を対象とし特定技能の在留資格取得のために日本語の個人レッスンを開始しています。また、日本人スタッフには英語、外国人スタッフには日本語を学ぶ時間・場所を提供し、お互いに勉強し合う機会を設けています。

（3）教訓と今後への示唆

　シティホテルＡの事例から、① 外国人スタッフとの協働は必須であること、② 仕事の効率を高めたりよりよいサービスを提供したりするためにチームワークが必要であり、配属先のスタッフが（日本人・外国人スタッフともに）歩み寄る必要があることが考えられます。①については、海外インターンシップや海外の近似分野の人々の力を借りざるを得ないほど人手不足が深刻になっていると思われます。国の方針もあり、今後は特定技能１号による来日、１号から２号への移行などが進みます。特定技能１号取得のための日本語能力基準はＮ

第9章　ホスピタリティを学ぼう：外国人スタッフと働く　　141

4とされており、そのレベルはあまり高くないため、日本人スタッフにとってはたどたどしく聞こえたり、不自然に聞こえたり、わかりにくい話し方だったりすることもあるでしょう。これからの職場では様々なレベルの日本語表現を忍耐強く聞くこと、話し方を侮らないこと、発話表現の背景を察する力などが今以上に大切になります。日本人スタッフが話すときにも、相手が理解できるように自身の日本語を調整して話すことが重要とされます。

　また、このホテルでは、外国人スタッフに対する接し方を配属先へ依頼したり、日本人スタッフ・外国人スタッフの協働学習の場を設置したりする工夫もしています。これらのことより、スタッフ間の相互理解やチームスピリットの醸成も必要だと考えられていると言えます。社内スポーツ大会、スタッフの家族同伴のクリスマスパーティーなどを開催しているホテルもあるそうです。外国人スタッフの出身地の文化紹介も相互理解に役立つことでしょう。

　ホスピタリティ・コミュニケーションはお客さまに対してだけでなく、スタッフ間の**チームワーク**（Can-Do ⑱）醸成にも役立ちます。特に、外国人・日本人チームの連携にも**異文化の理解と実践**（Can-Do ⑰）、**察知**（Can-Do ⑧⑨）などの項目は有効であると同時に、同様のスキルが必要とされるお客さまへの接遇のためにもいい練習となることでしょう。

コラム　外国人スタッフの本音?!

　ここは都内某所。留学生の同窓会が行われています。○○ホテルのフロントで働いているＡさん、△△レストランのフロントで働いているＢさん、▲▲ホテルのハウスキーピングで働いているＣさんが、仕事の話で盛り上がっている様子です。

Ａさん：元気？　仕事どう？
Ｂさん：レストラン、疲れるよ。学生のときのアルバイトは簡単だったね。今は大変。△△のお客さまはお年寄り多いよ。やさしいけど聞くの大変。日本人スタッフはどうして注文まちがえないのかな？
Ａさん：レストランはにぎやかだし、ぼそぼそ声はわかりにくいよ。でも、たくさん聞き返す、だめね。どうするの？

142　第Ⅳ部　ホスピタリティの現場へのチャレンジ

Bさん：メニューを適当に指さして、「これですか」って。「ちがう、こっち」とかなる。

Cさん：メニューか。字があると読めなくても使えるよね。ハウスキーピングは耳だけだから失敗たくさん。この前なんか「ねまきないの？」って聞かれて「ねま？　きないの？」「ねまき？　ないの？」もう、ぜんぜん無理。通りかかった日本人スタッフが「お客さま、パジャマはこちらにあります」って。助かったよ。そのお客さまが「助け舟よかったね」と言ったけど意味わからなくて「ありがとうございます」と言ったら、「私じゃないよ」って。フロントいいな〜。

Aさん：こっそりパソコンで調べれるから（笑）でも、見られてる感はんぱないから緊張するよ。妙に長い敬語なんか間違えてばっかり。「そんなに頑張らなくてもいいよ。日本人の私も敬語下手。同じだよ。」って同僚は励ましてくれるけど。お客さまがじろっと見ると、私やらかした？　ってビクッ、、、、、。

Bさん：ねまき、たすけぶね、、、初めて聞くね。はんぱない、やらかした、、、日本人よく使うけど、お客さまにだめね。覚えること　はんぱない！かんぱ〜い（笑）

通りかかった日本人スタッフの行動は、Can-Do リストの⑧の**観察と察し**にあたります。ホスピタリティ・コミュニケーションはお客さまとの間だけではなく、同僚間でも効果があるようですね。また、その様子をご覧になったお客さまもご機嫌な様子で、まさにチームワークが成功した場面ではないでしょうか。

3　事例：グランドハンドリング

Warm up Q

観光産業を活性化し地方創生も行うためには、移動手段が重要です。グランドハンドリングとは、空港で航空機の円滑な運航を担うセクションです。具体的にはどのような業務があるでしょうか。空港を思い出して考えてみましょう。

（1）企業の背景情報

グランドハンドリング（グラハンと略します）とは、飛行機が安全に定刻通り

第9章　ホスピタリティを学ぼう：外国人スタッフと働く　143

に離着陸する支援を指しています。旅客ハンドリング（お客さまの搭乗サポート）、ランプハンドリング（飛行機に手荷物や貨物を載せる等）、貨物ハンドリング（飛行機に載せる貨物の積み付け等）、運航のオペレーションなどがあります。グランドハンドリングスタッフが不足すると、機体・機内清掃作業が遅れたり荷物の積み込みに時間をとられたりします。その結果、フライトが遅延することもあります。ヨーロッパやアメリカでは、ピークシーズンにフライトの遅延やキャンセルまで引き起こしたケースもありました。また、サービスの低下、手荷物の誤送・破損、搭乗ゲートの混雑などにより、お客さまが不満や苦情を持つことも多く、このような現場においてもホスピタリティ・コミュニケーションが重要となります。本節ではグランドハンドリング会社Bの概況を説明します。

　グランドハンドリングB社は、1957年に設立され、グループ会社も含めると日本の主要幹線をはじめとした様々な空港で地上サービスを行っています。国内航空会社、外国航空会社の地上支援をはじめ多様な航空会社のニーズに対応しています。ESG経営（Environmental, Social, Governance：環境、社会、企業統治）を行うことにより、SDGs（Sustainable Development Goals：持続可能な開発目標）の目標達成にも積極的に取り組んでいます。従業員数は、アルバイト・パート社員を含めると約3000人の企業であり、その中で250人強の外国人スタッフが在籍されているそうです。

　表9-3では、雇用形態別に出身地を示していますが、外国人スタッフ全体で見るとスリランカ（45%）、フィリピン（34%）、ミャンマー（9%）、ネパール（3%）の順に多く、14カ国程度の人が働いているそうです。また、今後も在留資格「特定技能」の外国人スタッフを中心に採用を増やす方向だということで

表9-3　グランドハンドリングB社の外国人スタッフの概況

雇用形態	在留資格	割合	主な出身地（割合が多い順）
社員	技人国、身分系など	4%	フィリピン、ミャンマー、ネパール、中国、モンゴル、韓国、ブラジルなど
特定技能1号社員 *B社における呼称	特定技能1号	25%	フィリピン、ミャンマー、ネパール、フィジー、中国、モンゴル、オーストラリア、韓国など
パートナー社員 （アルバイト）	資格外活動（留学、身分系など）	71%	フィリピン、スリランカ、ネパール、中国、ブラジル、ブータン、タイ、モンゴル、ナイジェリア、ベトナムなど

＊2023年12月1日時点。

す。第2節のシティホテル同様、これらの数値を見るとスタッフ間での共通言語が日本語にならざるをえないことがわかります。グランドハンドリング業においては宿泊業ほど直接お客さまに接する機会はないかもしれませんが、宿泊業同様、今後外国人スタッフとの協働が重視される職場です。

（2）外国人スタッフに関わる課題認識

　では、続いて外国人スタッフに関わる課題を見ていきましょう。

　従来、グランドハンドリングB社では、外国人スタッフの多くはアルバイトであり、一部において「技術・人文知識・国際業務」の在留資格で社員採用が行われていました。採用方法、条件などは原則として日本人の新卒採用と同様に行われています。

　しかし、2019年に創設された在留資格「特定技能」における特定産業分野の1つとして航空が入ったことがきっかけとなり特定技能社員採用を推進することとなったそうです。推進に至った理由としては、人財不足解消手段（この会社では人材ではなく人財という表現が使われています）だけでなく、ESG経営の推進につながるという期待、日本人社員のグローバルリテラシーの向上にかかわる多様性シナジー効果があるそうです。そのため、特定技能1号から2号（1号の資格では在留期間が上限5年までですが、2号では更新回数に制限がなく正社員同様のキャリアがイメージされています）への移行も積極的に支援しているとのことです。具体的には、入国前における特定技能1号取得のため、採用後に一般教育・業務教育・日本語学習支援（N3からN2まで）が計画されています。

　このような日本語学習支援サービスに至った理由としては、グランドハンドリング領域は安全の確保との関わりが強く、スタッフ間の会話が重要であるということがあげられています。N4レベルではコミュニケーションのキャッチボールはできても、上司／同僚である日本人の指示情報が理解できていないことがあるというのが現場の認識のようです。そのため、採用1年目でN3取得を目指した学習支援を実施しています。

　一方、グランドハンドリングB社の人事関係者の方は「日本人スタッフ側の意識改革」も重要で、日本人スタッフの話し方、コミュニケーション、価値観も変えなければならないと述べていらっしゃいました。例えば、「背中を見て覚えろ」「可愛いからこそ厳しくする」といった考え方は外国人スタッフには理解できないこと、職務上騒音が激しい環境で話すことも多く大声で話さざ

第9章　ホスピタリティを学ぼう：外国人スタッフと働く　145

るをえないが大声で話されると怒られていると感じる外国人スタッフもいるので必ずフォローが必要であることなどがあがっていました。

（3）教訓と今後への示唆

　グランドハンドリングB社の事例より、① 在留資格「特定技能」を中心に今後も外国人スタッフが増え協働がより重要になること、② 外国人スタッフの採用は単なる人手不足解消策ではなく、ESG経営の推進、多様性によるシナジー効果の期待があること、③ 日本人スタッフにも変化が期待されていることが考えられるでしょう。①については前節においても触れましたので、ここでは割愛します。お客さまに接遇する機会がホテルほど高くないこともあり、外国人スタッフとの協働がより進んでいるのが印象的でした。

　②に関してはグランドハンドリングB社が業界を牽引する立場であることもあり、今後ESG経営の一環、特に多様性の推進、開発途上国への援助など企業の社会貢献として、外国人スタッフを採用する企業は増えるものと思われます。これまでは、開発途上国への技術移転などは在留資格技能実習で対応されてきました。今後は、特定技能1号の在留期間上限5年を終了したスタッフが帰国し、日本で習得した技術、サービス手法を母国に持ち帰ることが可能となります。企業のESGに対する取り組みは、企業の価値を高めます。そのため、このような観点からも率先して外国人スタッフ採用を行う企業は増えるものと考えられ、そのような時代だからこそ外国人スタッフとの協働が円滑に行われる能力が大切になります。

　シティホテルA社の取り組み同様、グランドハンドリングB社においても日本人スタッフに関わるエピソードが語られていました。B社へのインタビューでは、特に日本人スタッフの意識改革まで言及されていました。多様性によるシナジー効果を企業として得るためには、双方の相互理解が必要であり、日本人スタッフに対する異文化理解研修、異文化間コミュニケーション研修、外国人スタッフに対する指導研修が行われているそうです。

　観光の現場に関わらず、これからの時代は外国人・日本人スタッフの協働が基本となると思われます。さらには、このような二項対立で考えることもなくなるのでしょう。「将来的には特定技能で技術を学んだ人が成長してリーダーとしての役割を担うだろう」とB社の方がおっしゃっていました。これからの時代に生きる、今この本で学んでいる皆さんには、外国人スタッフとの協働

が自然とできる人になってもらいたいと思います。そのためには、相互理解が重要です。そこで、次節では協働を実践するためにどのような日本語コミュニケーションを行えばいいのかを考えてもらいたいと思います。と同時に、もし外国人スタッフと同じ職場で働くようになったら、何か一つでも彼らの日本語学習支援ができないか考えてみてください。

4　日本語教育の視座より

あなたは希望していた観光業界に就職でき、働き始めました。職場のAさんはミャンマー人です、とてもまじめで昼休みに日本語を一生懸命勉強しています。応援したいと思ったら、どんなことをしますか。

(1) 同僚として

　日本語を学習している外国人を手伝うことは、その日本人にとっても様々なメリットがあります。例えば、教えながら交流もできますから異文化や自身のそれとは異なる価値観を学べます。説明がわかったときのしぐさや表情や発話、あるいはその逆の場合など、お客さまに接遇するときのシミュレーションになります。また、言葉が異なる人とコミュニケーションをとったり何かを説明したりすることで、簡単に説明する方法、わかりやすい表現を考える機会になります。言葉や文法を客観的に見ることにより、母語である日本語の理解が深まることもあります。

　では、具体的に何ができるでしょうか。まず、会話の練習相手になることができます。教科書で習った言葉や文法が実際にどんな文脈で使われているのかを知ることができ、喜ばれるでしょう。上述したように日常の会話同様、練習相手をするときも自身の外国語学習経験を思い出し、相手を侮ることなく忍耐強く聞くことが肝要です。また、第5章で学んだ「やさしい日本語」を使って話すことで、相手は理解しやすくなり、日本語を使う喜びを感じるでしょう。さらに外国人スタッフは日本語を使う勇気もつことができ、はにかんでごまかしたり消極的な態度から脱却できたりするでしょう。また、筆者らの聞き取りでは、日本人スタッフに漢字の読み方を教えてもらった、発音練習につきあっ

てもらったなどというエピソードもありました。1節（2）では、響きが似ている表現の区別が難しいという外国人スタッフのコメントを紹介しましたが、これは、次のようなミニマルペア（最小対語）を用いた練習が効果的です。例えば、「知らない：shiranai」と「死なない：shinanai」は「r」と「n」の子音が違うだけですが、それにより意味が変わります。母語の影響などで聞き取りにくい音があり、その音の聞き間違いがコミュニケーションに影響を及ぼすことがあります。このような2つの単語を繰り返し聞いたり、時には順番を変えて聞いたりすることにより、音の識別能力を養うことができます。もちろん、その単語の前後（文脈）で伝わることも多いのですが、識別能力を養っておくと初めて聞く単語（特に地名や人名などの固有名詞）の聞き取りが楽になります。「温泉」と「汚染」、「鍵」と「柿」、「搭載」と「東西」、「搭乗」と「途上」など、現場でよく耳にする単語から練習するのも効果的でしょう。

（2）最後に

　本章では観光の現場で働く外国人スタッフに特有な情報をまとめ、その重要性と協働を考えてきました。彼らは、日本人ゲスト対応においては日本人スタッフ同等のサービス提供が期待されます。つまり、彼らにとっては外国語である日本語を駆使した接遇が必要とされます。一方、外国人ゲスト対応では、母語や英語などの使用を期待されるとともに、外国人ゲストに対する日本文化の説明、外国人ゲストと日本人スタッフとの仲介なども期待されます。このように、外国人スタッフは多様なコミュニケーションを即座に選別し業務をこなすこととなります。

　さらに、ホスピタリティ・コミュニケーションを重要とする宿泊産業においてはチームワークが重要とされており、同僚との円滑なコミュニケーションも必須であり、その多くは日本語で行われています。

　また、これからの日本は共生社会になり、国際協働が中心となります。特にインバウンドに重点を置く観光産業においては、「日本語を外国語とする同僚」とのコミュニケーション（人間関係を守ったうえでの的確な伝達）、外国人スタッフによる「外国語である日本語によるサービス（例えば、文化的な事象をその文化を有する人に対して丁寧に説明するなどかなり高度なレベルの表現が要求されます）」に対する理解が重要でしょう。第5章で述べられているやさしい日本語の考え方やルールを学び、スタッフ間でも実践しましょう。

外国人スタッフとの協働、ホスピタリティ・コミュニケーション達成に深く関わる連携のための日本語の使い方、さらに外国人スタッフとのコミュニケーションにより日本人スタッフ自身の成長が期待されていることを忘れないようにしましょう。

エクササイズ

外国人スタッフとのコミュニケーションや協働により、単独での取り組み以上の成果が生み出されます。例えば、どのようなケースが考えられますか。

第9章のポイント

▶観光現場において外国人スタッフとの協働が増えるとともに重要である。
▶外国人スタッフは在留資格により就労条件が決められている。
▶円滑なチーム連携のためには、日本人・外国人スタッフともに歩み寄りが必要だ。
▶外国人スタッフとのコミュニケーションは日本人スタッフの成長にも貢献する。

参考文献

綛田はるみ・中井延美（2024）「接客に関する外国人スタッフのコミュニケーションの課題──ホテル勤務の日本人マネージャーの視点から──」『日本観光ホスピタリティ教育学会全国大会発表要旨集』23、12-13。

厚生労働省「日本で就労する外国人のカテゴリー」〈https://www.mhlw.go.jp/stf/seisakunitsuite/bunya/koyou_roudou/koyou/gaikokujin/index.html〉2024年9月6日閲覧。

中井延美・綛田はるみ（2024）「外国人ホテルスタッフの日本語コミュニケーションにおける課題」『Journal of Hospitality and Tourism』18（1）、9-15。

（綛田はるみ）

第10章
ホスピタリティを学ぼう：インターンシップに備える

 この章で学ぶこと

将来観光の現場で働くために、どのような知識や経験を身につけていくべきでしょうか。観光で働く人材を育てるためにどのような取り組みが必要でしょうか。この章では、インターンシップで学ぶことや働く経験について、広くコミュニケーションの取り方を考えていきます。また、人材育成に携わる企業側の視点からその役割についても考えていきます。

1　インターンシップとは

Warm up Q

これまでに、企業訪問やインターンシップに参加したことはありますか。子供のころを思い出すと、小学生のお仕事体験や中学生の職場体験もありましたね。どんな体験をしたことがありますか。それは、その後の職業観に影響を与えましたか。

　観光の職場は、私たちに見えやすいフロントラインの仕事から、総務や経理、営業や広報など、バックヤードの幅広い仕事があります。私たちは、これまで飛行機に乗る経験や旅行などの観光体験を通して、観光ホスピタリティ産業を見てきました。それらを通して、キャビンアテンダントになりたいとあこがれを抱いたり、五つ星ホテルの仕事につきたいと思ったりします。また、ディズニーファンは、漠然と東京ディズニーリゾートで働きたいなどと話したりします。さて、私たちはどんなきっかけで、観光ホスピタリティ産業に進むのでしょうか。
　航空業界や大手ホテルでは、社会貢献プログラムの一環として、また、その企業や業界への理解を深めてもらうために様々な講座や教育プログラムを提供

150 第Ⅳ部 ホスピタリティの現場へのチャレンジ

しています。小中学生を対象としたお仕事体験から、高校生、大学生向けのキャリア教育を見据えたものまであります。また、企業の顧客サービスとして提供しているプログラムもあります。例えば、ホテル宿泊者限定で体験できるパティシエ体験や、ユニフォームを着てホテルの仕事を体験できるなどのアクティビティも用意されています。これらの機会は少なからず業界や仕事へのイメージ形成に影響しています。さて、そこから実際の就職までにどのような知識やスキルが必要でしょうか。大学や短期大学、専門学校などで観光ホスピタリティ産業について学ぶことができます。しかし、将来のキャリアに関してミスマッチを防ぐためには、インターンシップのような現場での体験が有効です。

（1）インターンシップの定義と種類

さて、インターンシップとはなんでしょうか。一般的には、「会社などでの実習訓練期間」や「学生が在学中に自分の専攻に関連する企業に体験入社する制度」（デジタル大辞泉 n.d.）とされています。実は、高等教育機関でのインターンシップと企業のかかわりについては、近年大きな変更がありました。これまでインターンシップはあくまでキャリア教育が目的とされ、「インターンシップ」という名のもとに、様々な目的・形態・期間のプログラムが行われていました。日本の大学生は、実務を全く経験しない「短期のプログラム」に参加していることが多く、後で言及しますが、海外高等教育機関などで実践されているインターンシップとは、大きく違っていました。しかし、2022年に、文部科学省、厚生労働省、経済産業省の合意による「インターンシップの推進にあたっての基本的考え方」の改定により、大学生等のキャリア形成支援に係る取り組みが4つに類型化されました（参照：表10-1）。新たな「インターンシップ」では、学生は企業の実務を必ず体験することとなりました。企業側としても、これまでのインターンシップでは、そこで得た情報を採用活動に使うことは禁止されていましたが、2025年3月に卒業する学生からは、一定の条件を満たせばインターンシップで得た情報を採用に活用できることになりました。

日本のインターンシップが目指すべき姿は、「学生が職場で業務を実際に体験し、仕事の楽しさや厳しさ・難しさなどを認識することで、自らの能力を見極めるきっかけづくりとなる、『質の高いインターンシップ』の普及が必要である」と考えられています（採用と大学教育の未来に関する産学協議会 2022）。

タイプ3及びタイプ4の大学等のインターンシップについては、「学生がそ

表10-1　学生のキャリア形成支援活動（4類型）

タイプ	タイプ1：オープン・カンパニー	タイプ2：キャリア教育	タイプ3：汎用的能力・専門活用型インターンシップ	タイプ4：高度専門型インターンシップ
目的	個社や業界に関する情報提供・PR	働くことへの理解を深めるための教育	就業体験を通じて、学生にとっては自らの能力の見極め、企業にとっては学生の評価材料の取得	就業体験を通じて、学生にとっては実践力の向上、企業にとっては学生評価の評価材料の取得
対象	学部生・大学院生（学年問わず）	学部生（学年問わず）	大学3年生・修士1・2年生	修士課程・博士課程の学生
参加期間	超短期（単日）	プログラムによって期間は異なる	短期：5日間以上長期：2週間以上	2カ月以上
就業体験	就業体験：なし	就業体験：任意	就業体験：必修	就業体験：必修

出典：「学生のキャリア形成支援活動（4類型）特徴の比較」（採用と大学教育の未来に関する産学協議会）
〈https://www.keidanren.or.jp/policy/2022/039_leaflet.pdf〉をもとに筆者作成。

の仕事に就く能力が自らに備わっているかどうか（自らがその仕事で通用するかどうか）を見極めることを目的に、自らの専攻を含む関心分野や将来のキャリアに関連した就業体験（企業の実務を経験すること）を行う活動（但し、学生の学修段階に応じて具体的内容は異なる）」と定義されました（文部科学省・厚生労働省・経済産業省 2023）。

（2）観光ホスピタリティ分野でのインターンシップ

　日本の観光・ホスピタリティ系学部、学科、コースでは、インターンシップは選択科目として設定されていることが多いです。また、海外のプログラムと比べると短期間であり、就業体験にとどまっていることが多く、専門科目との連動性が希薄であり、欧米のキャリア形成型のプログラムとは違っていると指摘されています（太田 2014）。また、海外では有給のインターンシップがほとんどですが、日本では無給のプログラムが多いと言われています（根木・折戸 2015）。

　このように日本の観光ホスピタリティ分野でのインターンシップが、海外のプログラムと違っているのは、日本独特の雇用システムである新卒一括採用が大きくかかわっていると言われています（太田 2014）。また、太田によれば、これまで、日本の観光ホスピタリティ産業は、インターン経験や専門分野など

152 第IV部 ホスピタリティの現場へのチャレンジ

は考慮しないで、コミュニケーション力やホスピタリティ力をもつ潜在能力の高いと判断される学生を採用し、社内で On the Job Training（OJT）や研修を通して、キャリア開発を行うことを目指してきたからであると指摘されています。しかし、グローバル化や深刻な人材不足に直面し、インターンシップの在り方も変化が求められています。

　学生や参加希望者は、インターンシップに参加することで、観光ホスピタリティ産業への理解を深め、必要なスキルを身につけることができます。また、将来この産業で就職をするかどうか進路決定のための重要な経験となります。大学や短期大学、専門学校のカリキュラムの一環で、ホテルや観光関連の企業と直接提携してインターンシップを行っている場合や、就職支援課のようなキャリアサポートプログラムとして、広くインターンシップが募集されている場合があります。また、民間やNPO、地域自治体などが主催するインターンシッププログラムがあります。

　観光ホスピタリティ産業でのインターンシップと言えば、ホテルや旅行会社での就労経験が一般的で、様々な機会が提供されています。また、日本国内の企業での研修だけでなく、海外での就業の可能性も幅広く選択できます。

（3）インターンシップ参加にあたって

　亀野（2021）によると、日本のインターンシップ参加者は増加傾向にあるものの、期間が短くなっていることや、大学や行政は教育目的を強調しているが実際には就職・採用目的で実施されていることが多いと指摘されています。

　オープン・カンパニー、キャリア教育、インターンシップには、様々な期間や種類がありますので、下記のポイントから自分に合ったプログラムを選びましょう。また、応募から採用まで時間がかかる場合があるので、計画をしっかり立てて、早めに準備しましょう。

> **いつ？**
> 　いつ参加したいですか？　学生の場合、夏の長期休暇や冬・春の長期休暇を利用しますか？
> **期間は？**
> 　1日で行われるオープン・カンパニー？　3カ月以上のプログラムを探していますか？

どこで？

自宅から通えるような地元でのプログラム？　住み込みや滞在型のプログラム
を希望しますか？

どのような分野？

「業界」「職種」「仕事内容」など、どのような分野の企業に興味がありますか？

単位認定？

学生の場合、学内で単位認定になるようなプログラムに参加したいですか？
単位とは関係なく、自分の興味関心を中心に、自分の経験値をあげるために参
加しますか？

費用・報酬は？

時給や交通費が支給される有給のプログラム？　無給または、宿泊施設や食事
の提供が中心で基本無給のプログラムですか？　参加にあたり、費用を支払う
プログラムですか？

学内ルールは？

学生の場合、大学内で、インターンシッププログラム参加へのルールはありま
すか？

応募に関する具体的な準備手順については、下記のようなステップを参考に
してみましょう。

STEP 1　Research　どのようなプログラムがあるか調べ、希望のインター
ンシッププログラムを見つけましょう。

STEP 2　Apply　プログラムに申し込みをし、履歴書を送りましょう。魅
力的な志望動機を日本語、また、英語で作成しましょう。なぜ、インターン
シッププログラムに参加したいのか、志望動機を準備しましょう。

STEP 3　Interview　面接を受けます。志望動機や興味をはっきりと伝えま
しょう。具体的な研修内容について、担当者と確認しましょう。また、自分
が学びたい知識やスキルを身につけることができるのか、何時間の研修なの
か、有償の場合どのような時給が支払われるのか、インタビューの中で、確
認しておきましょう。

そして、合格後、インターンシップスタート！

（4）事例：産学官連携の観光人材育成

大学や短期大学、専門学校が企業と直接連携をして、インターンシップを実
施することも多いのですが、産官学の連携で実施されるインターンシップには、
様々な利点があります。ここでは、北海道の事例を見ていきましょう。

154　第Ⅳ部　ホスピタリティの現場へのチャレンジ

　北海道のShiriBeshiグローカル・インターンシップは、2017年1月〜3月に、「ニセコ留学」として開始しました。日本屈指のスノーリゾートニセコを含む後志管内に、若い人を呼び込むことで人手不足の解消と若者の育成による地域活性化を目的としていました。これは、北海道庁後志総合振興局が実施するインターンシッププログラムであり、ニセコ・ルスツ・キロロを始めとした国際リゾートエリアに所在するリゾート関連企業などでの実習が準備されています。北海道の学生だけでなく、全国の大学生が応募することができます。このプログラムでは、全国から集まったインターンシップ参加者、地域づくりに関わる方々、地域おこし協力隊、外国人との交流を通して、多文化共生に関する理解を深めることも目的とされました（後志総合振興局 n.d.）。さらに、外国人観光客や外国人住民が多い地域であり、英語での就業体験や地域交流ができるという「国内留学：ニセコ留学」と呼ばれるような特色もあります。

　現在は、ShiriBeshiグローカル・インターンシップとして、夏季休暇時期のサマープログラムと1月から3月の休暇時期を利用したウインタープログラムとして、年に2回実施されています。

　このプログラムを活用する利点としては、後志総合振興局が中心となり、企業と大学・短期大学、個人の学生をつないでくれることが挙げられます。企業や学校側では、複数の機関と提携をすると、日々の連携にかかわる業務で大きな負担になります。しかし、振興局が窓口となり、ワンストップで多くの企業、多くのインターン生につながることができます。振興局が、企業との交渉や連絡をとり、学生や大学側に情報を提供してくれています。また、振興局がインターンシップ参加者全体に、受入れ前のオリエンテーション、終了時のまとめの研修を提供してくれることは、インターンシップ学生にとって、プログラム参加への準備から、目標設定、自身の研修結果、特に自身の成長の確認につながります。また、インターンシップ中盤で、地域の人々との交流会が計画されており、地域について学ぶだけでなく、人と人をつなぐネットワークの機会となります。これらは、企業や大学にとってもプラスに働き、プログラム全体の価値を高めます。

　また、インターンシップ中に、問題が生じたり、学生がうまく適応できないなどの連絡を受けたとき、振興局の担当者がすぐに現地で学生をサポートしたり、企業に連絡をします。大学側の担当者が、研修先まですぐにいけない場合、現地でのサポートは大変助かり安心です。振興局が、プログラムの説明会や、

応募の段階で、アドバイスやサポートをしていただけるのもよい点です。
　最後に、後志総合振興局のこの取り組みが、地域への若い労働力の供給、交流人口の増加、将来地域を支える人材となる可能性とつながっています。実際、このプログラムに参加した学生は、研修終了後もこの地域を訪れて、観光したり地域の人々と交流したりしています。また、中には、研修を終え、実際の就職先として後志を選択した卒業生もいます。

2　英語を使ったインターンシップ
――現場での英語コミュニケーションの現状

（ニセコ地域での例から）
観光ホスピタリティ現場でのインターンシップでは、英語を使うことが期待されているのでしょうか。その場合、どのような英語のトレーニングが必要でしょうか。

　観光ホスピタリティにおけるインターンシップでは、業務を学ぶことに重きが置かれ、日本語や英語などの表現を学ぶことに特化した研修が行われることは多くはないようです。実際、ニセコ地域のホテルなどは、冬の期間、8割から9割のお客さまが外国人であり英語の使用が必須となりますが、英語に特化した研修は限られています。ニセコの企業でインターンシップを経験した学生は、英語でのコミュニケーションが求められると、各自これまで学んだ英語や現場で必要な英語表現を覚えながら研修を進めていることが少なくありません。接客時の英語に関する書籍を活用して、よく使われる表現を学んで、インターンシップに臨む学生もいますが、「どのような表現を使うか、その場で先輩に聞きました」などのような反応も多々あります。
　筆者が所属する短大では、過去に、直接外資系ホテルに学生の受け入れをおねがいしていたことがあります。10名以上のグループであったことから、ホテルで使う英語表現について、現場で指導をしてほしいと依頼し、英語のトレーニングが実施されたことがありました。現在は、ニセコだけではなく、地元のホテルなどでのインターンシップに学生を送り出していますが、語学に特化し

た研修はあまりありません。ShiriBeshi グローカル・インターンシップに参加した学生によれば、最初はお客さまや同僚の英語を聞くことになれていなく、「何度も聞き返してしまった」、「職場の先輩にかわっていただいた」など、初期の段階では、英語コミュニケーションで悔しい思いをする学生も少なくありません。また、業務にもよりますが、外国人客が多い職場で、あまり積極的に話かけることができなく、黙々とレストランの配膳の業務などに従事して、コミュニケーションが取れなかったという学生もいます。消極的な学生であったり、仕事に慣れない段階では、同じ職場や同じ業務でも、学生の言語コミュニケーションの経験は変わってきます。本書の中で繰り返しコミュニケーションの重要性を伝えてきましたが、積極的に**アプローチの演出**（Can-Do ⑥）を心掛けることでより実り多いインターンシップになる事でしょう。

コラム　海外インターンシップの利点

　海外のインターンシップでは、観光ホスピタリティ現場の知識やスキルを身につけ、就労体験を得ることだけでなく、みなさんの視野を広げることができます。海外で実施することにより、英語や現地の言語、また、多様な文化を学ぶことができます。英語でのコミュニケーションに自信がつきます。

　海外インターンシップの場合、その国に滞在するためのビザやスポンサーシップがもらえ、有償のプログラムの場合は、毎月手当てが支払われます。ホテルなどのインターンシップでは、宿泊場所が準備されていたり、勤務時の食事の提供がある場合もあります。さらに、普段利用できないようなホテル施設へのアクセスが可能だったりします。

　所属の大学や高等教育機関のプログラムから、単位を認定されたり、履歴書にその経験を書き加えることができるなどの利点もあります。

　最後に、海外のインターシップでは、様々な人々と出会いネットワークを広げることができます。将来、海外でのキャリアを考えている人にとって、貴重な経験となるでしょう。

海外でのインターンシップ

海外のホテルなどでインターンシップに参加するプログラムを提供している大学・短大・専門学校などがあります。そこでは、英語や外国語を学び、海外の企業で実践経験ができます。岩井 (2013) は、海外のホテルなどでのインターンシップでは、学習者が社会文化的集団であるホテルで実際に仕事をするという実践を行うため、様々な学習ができることが期待され、英語学習もその重要な部分を占めるとしています。また、そのインターンシップをサポートするような適切な ESP 教育 (詳細は第 2 章第 2 節を参照) を大学などで実施することが大切だと述べています。

3 言語コミュニケーションに焦点をあてた、インターンシップとその準備

インターンシップに行く際に、どのような準備したらよいでしょうか。いくつか挙げてみましょう。

インターンシップの準備

はじめに、インターンシップ先の企業について十分に知識を深めましょう。例えば、ホテルチェーンの1つですと、ホテルブランドのコンセプト、ホテルの施設・設備・サービス、ホテル近郊の道案内や交通機関の情報、観光名所などです。「レストランはどこですか？」「ショップは何時から何時までですか？」など、様々な質問を受ける可能性があります。特に、観光ホスピタリティの現場でフロントラインの仕事を体験する場合、ゲストは様々な質問をします。インターンシップ生ですが、ホテルの一員として、正確な情報を提供できるように、準備しましょう。これは、「ホスピタリティ・コミュニケーションの Can-Do リスト」⑩情報提供の準備と提供にあたります。

スムーズな言語コミュニケーションのための準備

インターンシップ現場での日本語および英語コミュニケーションでよく使わ

出典：観光庁ウェブサイト〈https://inboundkenshu.com/home/traning_pdf〉

れる表現を確認しましょう。「○○で使われる英語表現」などのテキストを活用したり、ウエッブサイト上の接客英語表現集を活用したりすることができます。また、観光庁から出されたインバウンド対応のテキストがあります。下記のサイトからテキストをダウンロードすることができ、とても便利です。例えば、「地域の観光人材のインバウンド対応能力強化研修英語テキスト」（出典：観光庁ウェブサイト https://inboundkenshu.com/home/traning_pdf）を活用して、ゲストをお迎えするときの会話をロールプレイの形で練習してみましょう。また、単語フレーズ集の中から、よく使いそうな表現を書き出し、何度も口に出して言ってみましょう。

日本語・英語どちらもビジネスの場面で適切な丁寧表現を使う準備をしましょう。「おもてなしの日本語（基本編）」（林ほか 2020）などのテキストを活用して、接客ですぐ活用できる丁寧な表現を学ぶことができます。

インターンシップ参加者自ら準備するだけでなく、受け入れ企業側も事前オリエンテーションや、研修の早い段階で、言語コミュニケーションに焦点をあてたトレーニングセッションをすることをおすすめします。

① 接客に関する基本的な挨拶などを練習。「いらしゃいませ」「かしこまりました」などの接客基本表現を日本語・英語で、声に出して練習する機会を提供するとよいでしょう。

② 観光ホスピタリティ産業でよく使われる業界用語・専門表現の確認。例えば、予約していたにもかかわらず、キャンセルの連絡なしに姿を見せない No show などがあります。このような専門表現を確認しておく必要があります。

③ お客さまからよく聞かれる質問とその対応表現。「ここから一番近いコンビニエンスストアはどこですか」などよく聞かれる質問とその答えを、日本語・英語で準備しておくとよいでしょう。

④ 企業が提供するサービスについて、効果的に説明できる練習。例えば、レストランのおすすめメニューを説明するのに必要な豊富な語彙を練習す

るとよいでしょう。
⑤　地域の基本情報収集。企業がある地域の基本情報（地理・気候・人口・産業・地域の観光地など）について説明できるようにしましょう。

その他の準備

企業から指定された持ち物のほかに、何を持っていくか事前に考えましょう。インターンシップ先が、自宅から通える場所か、または、滞在しながらのプログラムかによって、準備が異なります。宿泊が伴う場合は、身の回りのものや着替えから、宿泊に必要なものまで、リストアップして準備しましょう。

また、インターンシップ先での事故や病気などに備えて、インターンシップ保険に入ることをお勧めします。自身の急な病気やケガにも対応できますが、意図せず、お客さまの大切なものを壊してしまったり、傷つけてしまった場合に役立ちます。

コラム　インターンシップ研修先での身だしなみ

　研修先の人事課に、どのような服装、身だしなみが求められているか確認しましょう。ゲストの前に立つことが多い場合、髪型や制服、靴などそれぞれルールがあります。女性の場合、長い髪はまとめることが求められます。また、女性も男性も、前髪についてどのような決まりがあるか確認しましょう。格式高いホテルなどでは、前髪をあげて額を出すように求められる場合があります。これは、ホスピタリティ・コミュニケーションのCan-Doリスト③ **身体表現**にあたります。

　職場から制服が支給されるかどうかも大切なポイントです。自身でスーツなどを準備する場合もあります。最後に、観光ホスピタリティ現場では、「足元」の準備が大切です。特に女性は、ヒールのあるパンプスなどを履き立ち仕事だったり、広いホテルのなか、階段等も使って、長い時間歩くことが期待されていますので、足への負担を減らすような、履きやすい靴を選びましょう。

インターンシップが決まり、職場についたら次のようなマナーやルールに注意して、研修を行いましょう。

マナーとルール

- 企業の一員として、責任を持った行動をとりましょう。
- 身だしなみ（髪型・髪の毛の色・制服・靴・お化粧・ネイル）のルールを確認しましょう。
- 職場にあった言葉遣いをしましょう。
- 体調管理をし、遅刻・欠勤のないように心がけましょう。
- 何かあったら連絡をしましょう、また、自分の判断で決められないことは上司に相談しましょう。
- お客さまのプライバシーを侵害するような行動は避けましょう。「〇〇さんが滞在している」などと人に伝えたり、写真を撮ってSNSにあげたり、企業内のことをネット上にコメントすることはやめましょう。
- 法律を遵守してインターンシップを遂行しましょう。トラブルに巻き込まれないように注意しましょう。これは、未成年者の飲酒・喫煙、また、違法薬物の使用なども含まれます。そのような違法行為はやめましょう。ハラスメントにあった場合、どのようにトラブルを解決するか確認しましょう。

4 インターンシップ受入れ企業側の取り組み

企業やインターンシップの情報サイトによると、企業側にとってもインターンシップ受け入れがスムーズに進み、企業に利益をもたらすためには、次のような点を検討する必要があります。

［マッチング］
プログラムの申し込み方法が明確かつシンプルなことで、企業側への負担と、学生への浸透が変わります。受験者の希望と企業が提供する研修内容のギャップがないように、マッチングを考えましょう。

［適切なオリエンテーション］
オリエンテーションで、インターン生が事前に心構えを持って参加でき、具

第10章　ホスピタリティを学ぼう：インターンシップに備える　　161

体的な準備ができるような機会を提供しましょう。（対面でのオリエンテーション
だけでなく、オンラインのオリエンテーションなど活用しましょう。）

[実践的な研修の提供]

　現場で具体的で、実践的なトレーニングができるように準備しましょう。実
際に取り組める課題や実務があることで、インターン生のモチベーションも上
がります。前述の言語コミュニケーションに特化した研修を準備することで、
企業側にとって人材育成やサービスの向上につながります。

[メンター制度の活用]

　インターン生をサポートするようなメンター制度や、社内での支援体制を整
えましょう。直属の上司やトレーニング担当者以外に、何かあればすぐに相談
できるメンターのような存在がいると、スムーズな問題解決に役立ちます。

[スピーカーシリーズ]

　トップエグゼクティブを招いたスピーカーシリーズを実施し、企業の理念や
観光ホスピタリティのキャリアについて理解を深めましょう。

[ワークショップ・トレーニングの提供]

　インターン生のためのワークショップやトレーニングを提供しましょう。例
えば、語学に特化したトレーニング、地域の観光資源について理解するワーク
ショップなど、定期的に学びの場を提供しましょう。

[終了後のインタビュー]

　プログラム終了後にアンケートやインタビューを実施し、インターン生が何
を学んだのか、またプログラムの課題など話し合い、次のインターンシップ受
け入れに役立てましょう。

[企業内のチームワーク]

　インターン生は、企業内の業務だけでなく現場の人間関係について見聞きし
ます。企業内のトラブルを目撃するとインターン生にネガティブなイメージを
いだかせ、その企業を将来の就職先として選ばないことにつながります。また、
その産業全般のイメージの低下につながった場合、将来のキャリアの方向性を
変更してしまう場合があります。企業内で準備を整え、受け入れることが大切
です。また、日々、よい人間関係を構築しチームワークの良さをアピールする
ことが重要です。

エクササイズ

希望しているインターンシップ先の企業について、インターネットなどを活用して、調べましょう。企業の基本的な情報について調べ、日本語と英語で言えるようにしてみましょう。

第10章のポイント

▶観光ホスピタリティ産業の仕事に就く前に、インターンシップを経験することで、職業への適性がわかる。
▶観光ホスピタリティ関連のインターンシップは、国内外で様々な研修の選択肢がある。
▶自分に合ったインターンシップを見つけ、十分な時間を取って準備をすることで充実した研修となる。

参考文献

岩井千春（2013）「海外インターンシップと連携した観光学英語教育——ESP教育と学習論の観点から——」『言語と文化』12、59-68、大阪府立大学高等教育推進機構。
エクスペリエンスニセコ（2017）「ニセコ留学」全国の若者がニセコエリアで就業体験〈https://www.experienceniseko.com/ja/news/interns-from-all-over-japan-experience-work-to-improve-their-english-language-skills〉2024年10月1日閲覧。
太田和男（2014）「観光インターンシップにおけるキャリア開発効果の国際比較」日本大学法学会編『政経研究』50（4）、1431-1463。
亀野淳（2021）「日本における大学生のインターンシップの歴史的背景や近年の変化とその課題——『教育目的』と『就職・採用目的』の視点で——」『日本労働研究雑誌』63（8）、4-15。
採用と大学教育の未来に関する産学協議会（2023）「何が変わるの？これからのインターンシップ——自分のキャリアを考えるために今できること——」〈https://www.keidanren.or.jp/policy/2022/039_leaflet2.pdf〉2024年10月1日閲覧。
産学で変えるこれからのインターンシップ（2022）「産学で変えるこれからのインターンシップ」〈https://www.keidanren.or.jp/policy/2022/039_leaflet.pdf〉2024年10月1日閲覧。
後志総合振興局「ShiriBeshiグローカル・インターンシップ」〈https://www.shiribeshi.pref.hokkaido.lg.jp/ts/tss/niseko_abroad.html〉2024年10月1日閲覧。
デジタル大辞泉「インターンシップ」〈https://japanknowledge.com/lib/display/?lid=2001001315650〉2024年10月1日閲覧。

第10章　ホスピタリティを学ぼう：インターンシップに備える　　163

林千賀・羽鳥美有紀・齋藤貢（2020）『おもてなしの日本語（基本編）』アスク。

文部科学省・厚生労働省・経済産業省（2022）インターンシップを始めとする学生のキャリア形成支援に係る取組の推進に当たっての基本的考え方〈https://www.mhlw.go.jp/content/11800000/000949684.pdf〉2024年10月1日閲覧。

根木良友・折戸晴雄（2015）「欧米日比較による観光人材育成のカリキュラムとインターンシップに関する研究」『日本国際観光学会論文集』22、73–80。

リクナビ「インターンシップ基礎知識ガイド」〈https://job.rikunabi.com/contents/internship/875/〉2024年10月1日閲覧。

Global Internship（2024）The Benefits of Completing Your Internship in Hospitality Management in the U. S.〈https://www.globalinternships.com/post/internship-hospitality-management〉2024年10月1日閲覧。

Launching A Company Internship Program? Consider These 15 Tips（2022）〈https://www.forbes.com/sites/forbeshumanresourcescouncil/2022/10/31/launching-a-company-internship-program-consider-these-15-tips/〉2024年10月1日閲覧。

Missman, K.（2023）What is an Internship? Everything you should know. Forbes Advisor.〈https://www.forbes.com/advisor/education/career-resources/what-is-an-internship/〉2024年10月1日閲覧。

Wright, J.（2017）7 Tips for Establishing the Best Intern Program for Your Hotel.〈https://www.linkedin.com/pulse/7-tips-establishing-best-intern-program-your-hotel-jemma-borocz〉2024年10月1日閲覧。

（森越京子）

164

エクササイズ解答例

第1章
エクササイズ①
解答例：リゾートホテルでは明るい笑顔や声のトーンで楽しい雰囲気を伝える。一方ビジネスホテルではテキパキとした態度、丁寧な言葉遣いで対応する。結婚式では喜びを笑顔で伝える。きれいなフォーマルウエアで祝福の気持ちを伝える。お別れの会では、低いトーンの声や黒の正装で悲しみを伝える、などです。
エクササイズ②
回答は様々です。

第2章
エクササイズ①
解答例：ドイツ語話者は濁った th（e.g. that）の音を z で発音することがある。シンガポール英語では、最後に lah（ラー）という音を付けることがある（日本語の「ね」のような意味）。オーストラリア英語では ei の音を ai と発音する。インドネシア語話者は v の音を f と発音しがちである。他にも多々あります。
エクササイズ②
様々なストラテジーがありますが、ゆっくり話すことはもちろん、聞き返す、確認する、やさしい単語を使う、やさしい文型をつかう、「これでいいですか（ものを示しながら）」のように、物を指すなどして補助道具とするなどがあります。

第3章
エクササイズ①
例えば、熟年夫婦の会話の場合、長年一緒に住んでいれば、お互い何を言いたいのか、短い言葉でも理解することができるでしょう。学校では、同じ班でプロジェクトをしているときは、「ねえ、あれ、終わった」と言うだけで「あれ」が何を示しているのか、理解できるでしょう。アルバイト先では、長く仕事をしていれば、店長の「おい！」だけで、何をすべきか理解できるでしょう。
エクササイズ②
「〜さん、今晩、飲みにいきませんか」という誘いに対して「行きたいんですですけど、、、」や「明日は仕事があるので、、、」などと言って断ります。接客の場面でしたら、お客さまから「あのう、この辺は魚が美味しいって聞いたんだけど、、、」と言って、オススメのところを紹介してもらう時に「言いさし」の文で聞いてくることがあります。
エクササイズ③
1）電気のスイッチのそばにいる人に対して「ねえ、ここ、寒くない？」と言って、電気をつけてもらったり、隣に座った友人に「あれ、消しゴム忘れちゃった」と言って、隣の人の消しゴムを借りたりします。
2）「お荷物、お持ちしましょうか」と言って荷物をお持ちします。

第4章
エクササイズ①
「英語を用いて〇〇ができる能力」の下線部に入る内容として、さまざまな能力が考えられます。次にあげる能力はいくつかの可能な例として参考にしてください。

・ゲストが安心して旅行を楽しむためのサポートができる
　・ゲストへの説明や案内の質を向上させることができる
　・ゲストの不安を軽減し、信頼関係を築くことができる
　・よりパーソナライズされた体験を提供できる

エクササイズ②

（1 a-e）の表現が接客にふさわしくない理由は、ゲストに対する配慮や丁寧さに欠ける印象を与えるからです。（1 a）Contact the front desk. は、命令形で直接的すぎ、ゲストに圧迫感を与える可能性があります。（1 b）Contact the front desk, will you? は、カジュアルすぎて、接客には適切でない軽いニュアンスがあります。（1 c）Will you contact the front desk? は、依頼の形をとっていますが、少し事務的で柔らかさや丁寧さが不足しています。（1 d）Contact the front desk, please. は、「please」を付けても命令形の印象が残り、十分に丁寧ではありません。（1 e）Will you please contact the front desk? は、丁寧ではありますが、依頼の仕方が直接的で、接客に求められる柔らかい表現としてはやや不十分です。

第5章
エクササイズ

以前、私が学生と実施した同様の実験では、外国人旅行者21人（中国11人、台湾4人、UAE2人、イギリス2人、シンガポール1人、インドネシア1人）のうち4人（中国2人、台湾2人）が日本語で応答してくれました。また、その他の外国人旅行者のうちイギリス人2人は、実は日本語学習者であることがあとでわかりました。ですから、約20％の外国人旅行者が日本語で話しかけたら日本語で応答し、30％近い人が日本語学習者でした。

第6章
エクササイズ①

最適な選択：b）地域通訳案内士

理由：地域通訳案内士は、特定の地域に特化した知識と言語能力を持っています。この状況では、地方の小さな町での活動であり、地域の伝統工芸品に関する専門知識が必要です。また、外国人旅行者と地元の職人との間の言語の壁を橋渡しする通訳能力も求められます。地域通訳案内士は、これらの要件を満たし、地域の特色を活かしたきめ細かな通訳案内サービスを提供できる最適な選択肢だと考えられます。

エクササイズ②

時間に余裕をもって案内可能な場所を1、2か所選び、日本語で案内内容を考えてください。その際、外国人旅行者が希望する authenticity についても考慮してください。観光ガイドブックには載ってないような地元の人の楽しみ方（食べ方や使い方、飾り方や事物の由来など）を案内情報に加える工夫があるとよいでしょう。

第7章
エクササイズ①

解答例：観案内所には、地図や観光パンフレットの提供、交通情報の案内など、多くのサービスがありました。多言語対応も充実しており、日本語以外にも英語、中国語、韓国語での対応が可能でした。利用者は主に外国人観光客で、短時間で必要な情報を取得し次の目的地へ向かう人が多かったです。スタッフは親切で、笑顔での対応が印象的でした。観光地や交通の情報に詳しく、多言語でのやり取りもスムーズに行われており、高いコミュニケーション能力が求められていると感じました。

エクササイズ②

解答例：私は歴史ある観光地の案内所で働きたいと考えています。そこは古い町並みや寺院があり、四季折々の風景を楽しむことができる魅力的な場所です。観光客は多様な国籍や年齢層で、特に伝統的な日本文化に興味を持つ人が多いです。よくある質問は観光ルートや歴史に関するもので、これに応えるためには地域の知識や英語だけでなく、地図やパンフレットなどを効果的に使って説明するスキルが求められます。さらに、異なる文化背景を持つお客様に対しても、柔軟で丁寧なコミュニケーションができるようになるための訓練が必要だと思います。

第8章
エクササイズ①

ゲスト：災害や緊急時に備え、翻訳アプリの活用に慣れておく。訪問先での避難場所、経路の事前確認。ホスト：多言語での避難誘導、安全確保の指示、情報提供のマニュアルなどの準備。公的機関、交通機関などのHPやアプリの多言語化。

エクササイズ②

言語学習を通じて異文化理解が促進される。テクノロジーが利用できない場面での外国語スキルの必要性、例　機器が使えない停電や緊急時。

第9章
エクササイズ

解答例：多様な文化背景を持つ人が集まるチームでは、様々な問題解決のためのアプローチや工夫、独創的なアイディアを持ち込むことができます。その結果、これまでになかったような解決策が見つかることがあります。たとえば、多様な文化背景を持つチームメンバーはグローバル市場のトレンドやニーズをより速くより深く理解できるため、ビジネス戦略をたてる場合など有利に進めることができます。

第10章
エクササイズ

解答例：このホテルは、札幌駅から徒歩5分です。総部屋数486室のシティホテルです。館内には、レストラン、喫茶、バーラウンジ、宴会場、会議室があります。さらに、プール・ジムがあります。北海道食材にこだわった朝食ビュッフェが人気です。

The hotel is a 5-minute walk from Sapporo Station. This city hotel has a total of 486 rooms. The hotel has a restaurant, coffee shop, bar lounge, banquet halls, and conference rooms. In addition, there is a swimming pool and gym. A breakfast buffet featuring Hokkaido ingredients is popular.

索　引

〈アルファベット〉

Can-Do リスト　9
CEFR　28
EOP（English for Occupational Purposes）
　31
ESG 経営　143
ESP（English for Specific Purposes）　31
　観光――　113
LSP（Language for Specific Purposes）　31
On the Job Training（OJT）　152
World Englishes　26

〈ア　行〉

アクティビティツアー　89
言いさし　43
一歩進んだ応対　46
異文化対応力　128
異文化理解　54
異文化を超える力　17
意味交渉　78
インターンシップ　149
エンゲージメント　14, 92
エンパワメント（権限移譲）　15
オーセンティシティ（authenticity：真正性）
　80, 98
お土産機能　70
おもてなし　3
音声翻訳機器　117

〈カ　行〉

外国語ガイド　125
学習機能　70
観光案内所　101
観光ガイド　84
観光接触場面　68

観光地の多言語　130
観光の現場　2
間接的な依頼　44
企業訪問　149
気遣い・配慮のことば化　59
キャリア形成支援　150
共生社会　80
協働　140
共同的発話構築（co-constructing statements）
　107
近言語　6
クッション言葉　48
グループ・ダイナミクス　94
グローバルリテラシーの向上　144
敬語使用の運用　77
ゲスト　2
言語権　68
言語的ルール　72
広範な情報収集　105
高付加価値旅行者　56
交流人口　155
言葉の壁　117
ことばの教育　57
コミュニケーション
　――内容の適切さ　78
　――機能　71
　――スタイル　37
　――点火機能　71
　――の媒体　78
　対人――　5
　非言語――　6, 99, 113
コンテクスト（文脈）　6
　高――　6
　高――・コミュニケーションスタイル　37
　高――文化　37
　低――　6

低——・コミュニケーションスタイル　37
低——文化　37
コンピテンシー　4, 8

〈サ 行〉

サービス　3
在留資格　134
サステナブル・ツーリズム　80
察しと遠慮　41
雑談力（スモールトーク）　20
自己開示　41
社会言語的ルール　75
社会貢献　145
社会文化的ルール　78
知床国立公園　90
真実の瞬間（moment of truth）　18
深層文化　38
新卒一括採用　151
接客英語（English for hospitality）　53
全国通訳案内士　85
専門英語　57
専門分野に特化したガイド　85
相互理解　141
双方向性　77
双方向のダイアログ　3

〈タ 行〉

体験型ツアー　84
体験共有　84
対人コミュニケーション　5, 7
多言語化推進　118
多言語対応　102
多様性によるシナジー効果　145
地域通訳案内士　85
チームワーク　137, 140, 141
チャネル（媒体）　5
直接的な依頼　44
ディスクリプター（能力記述文）　9, 29

テクノロジー　117
同時礼　41
特定技能　136, 139
特定情報の収集　104

〈ナ 行〉

日本語学習支援　144
日本語のレベル調整　76
認定引率者　90
ネガティブ・ポライトネス（negative politeness）
　45, 60

〈ハ 行〉

パーソナルスペース　40
表層文化　38
富裕旅行者　57
プレインジャパニーズ（plain Japanese）　79
文化の氷山モデル　38
分離礼　41
ポジティブ・ポライトネス（positive politeness）
　60
　——化機能　71
ホスト　2
ホスピタリティ　3
ホスピタリティ・コミュニケーション　8
　——の Can-Do　10
ホスピタリティ・ランゲージ（hospitality lan-
　guage）　58
ボディーランゲージ　93
ポライトネス理論　60
ボランティアガイド　85

〈ヤ・ラ行〉

やさしい日本語　68
　——インターアクション　78
リンガフランカ　26
ロールプレイ　158

《**著者紹介**》（執筆順、＊は編著者）

＊藤 田 玲 子（ふじた れいこ）［第１・２章］

成蹊大学経営学部教授。Columbia University, Teachers College, Department of Philosophy and Social Sciences, International Educational Development（Master of Arts）。日本観光ホスピタリティ教育学会会長。日本航空客室乗務員などを経て主に観光産業における言語使用を研究分野とする。著書に『やさしい日本語とやさしい英語でおもてなし』（共著、研究社、2018年）、English for Tourism Professionals（ナショナルジオグラフィック・センゲージラーニング、2019年）などがある。

林　千 賀（はやし ちが）［第３章］

城西国際大学国際人文学部国際交流学科教授。昭和女子大学大学院文学研究科博士後期課程満期退学。米国ダートマス大学日本語講師を経てハーバード大学日本語講師（ハーバード大学優秀教育者賞を受賞）として日本語を教える。現在、主に日本語教員養成課程関連の科目を担当。学部指導のほか人文科学研究科においても演習を担当。『新・はじめての日本語教育基本用語事典　日本語教育能力試験対策』（共著、アスク、2019年）、『ホテルの日本語——心で伝える接遇コミュニケーション——』（共著、アスク、2023年）などを執筆。

中 井 延 美（なかい のぶみ）［第４章］

明海大学外国語学部英米語学科准教授。Master of Arts in Applied Linguistics, Department of Linguistics, Montclair State University. 専門は言語学（意味論・語用論）。日本英語文化学会会長。著書に『必携！日本語ボランティアの基礎知識』（大修館書店、2018年）、『Enjoy Your Trip!—English you need abroad（旅英語の心得）』（共著、南雲堂、2015年）などがある。

加 藤 好 崇（かとう よしたか）［第５章］

東海大学語学教育センター／大学院文学研究科日本文学専攻教授。早稲田大学大学院日本語教育研究科博士後期課程修了。（博士）。著書に『やさしい日本語とやさしい英語でおもてなし』（共著、研究社、2018年）、『「やさしい日本語」で観光客を迎えよう——インバウンドの新しい風——』（編著、大修館書店、2019年）などがある。

宮 本 節 子（みやもと せつこ）［第６章］

相模女子大学教授。University College Dublin, Master of Philosophy（Irish Studies）. 専門分野は英語教育。大学院を修了後、英国リーズ大学で日本語教育に携わりながら英語通訳などの実務経験を積んだ。主な著作に「タイ英語学習のすすめ——観光コミュニケーションの考え方——」（共著、『観光言語を考える』所収、くろしお出版、2020年）がある。

渡 辺 幸 倫（わたなべ ゆきのり）［第７章］

相模女子大学教授。早稲田大学大学院教育学研究科博士後期課程単位取得満期退学。専門分野は言語教育、多文化教育、社会教育など。「観光コミュニケーションにおける訪日旅行者接遇のための英語教育の現状と課題——観光系大学の「観光英語」シラバス調査および担当教員へのインタビューから——」（『観光ホスピタリティ教育』第17号、2024年）。「タイ英語学習のすすめ——観光コミュニケーションの考え方——」（共著、『観光言語を考える』所収、くろしお出版、2020年）。『多文化社会の社会教育——公民館・図書館・博物館がつくる「安心の居場所」——』（編著、明石書店、2019年）などがある。

田 中 直 子 （たなか なおこ）［第8章］

北星学園大学短期大学部准教授。Heidelberg University, Graduate School of Heidelberg College (Master of Arts in Education). 全国通訳案内士（英語）として観光ガイド、英語通訳の実務経験がある。著書『Introduction to Tour Guiding in English : Hokkaido』（共著、東京図書出版、2018年）、論文「English Language Challenges Faced by Licensed Guide Interpreters in Japan」（International Journal of Tour Guiding Research、2023年）などがある。

綛田はるみ （かせだ はるみ）［第9章］

横浜商科大学商学部教授。聖心女子大学大学院文学研究科修士課程修了。東京工業大学留学生センター客員准教授、横浜国立大学・武蔵野大学・国際交流基金日本語センターなどの非常勤講師として、これまで60カ国以上の留学生に日本語を教えてきた。日本地域政策学会理事。著書に『はじめてでもわかる！ 自治体職員のための観光政策立案必携』（共著、第一法規、2020年）、『観光学基礎──観光に関する13章──』（第9版）（共著、JTB総合研究所、2025年）などがある。

森 越 京 子 （もりこし きょうこ）［第10章］

北星学園大学短期大学部教授。Hong Kong Polytechnic University, Doctor of Hotel and Tourism Management (D. HTM). 中学・高校などで英語教員として働いた経験を持つ。日本観光ホスピタリティ教育学会理事。著書に『Introduction to Hospitality and Tourism : A CLIL Approach』（共著、Market Asia Books、2016年）などがある。

ホスピタリティ・コミュニケーション
——満足を生む観光人材になるための基礎知識——

2025年3月20日　初版第1刷発行　　＊定価はカバーに
　　　　　　　　　　　　　　　　　表示してあります

編著者　　藤　田　玲　子ⓒ

発行者　　萩　原　淳　平

印刷者　　藤　森　英　夫

発行所　株式会社　晃　洋　書　房

〒615-0026　京都市右京区西院北矢掛町7番地
電話　075(312)0788番(代)
振替口座　01040-6-32280

装幀　HON DESIGN（北尾 崇）　　印刷・製本　亜細亜印刷㈱

ISBN 978-4-7710-3929-2

JCOPY〈㈳出版者著作権管理機構　委託出版物〉
本書の無断複写は著作権法上での例外を除き禁じられています.
複写される場合は,そのつど事前に,㈳出版者著作権管理機構
（電話 03-5244-5088, FAX 03-5244-5089, e-mail : info@jcopy.or.jp）
の許諾を得てください.